"十二五"国家重点图书出版规划项目
当代财经管理名著译库
2013年度国家出版基金资助项目

PEARSON

CRAPSHOOT INVESTING

How Tech-Savvy Traders and Clueless
Regulators Turned the Stock Market into a Casino

Jim McTague

闪电崩盘

如卡西诺赌场般的股市投资内幕

(美)吉姆·麦克塔格 著

张秀丽 译

在危机中做好准备，现在，就是最好的时机！

东北财经大学出版社
Dongbei University of Finance & Economics Press

大连

© 东北财经大学出版社　2013

图书在版编目（CIP）数据

闪电崩盘：如卡西诺赌场般的股市投资内幕／（美）麦克塔格（McTague, J.）著；张秀丽译．—大连：东北财经大学出版社，2013.6
（金融瞭望译丛）
书名原文：Crapshoot Investing：How Tech-Savvy Traders and Clueless Regulators Turned the Stock Market into a Casino
ISBN 978-7-5654-1148-9

Ⅰ．闪…　Ⅱ．①麦…②张…　Ⅲ．股票投资-研究　Ⅳ．F830.91

中国版本图书馆 CIP 数据核字（2013）第 060392 号

辽宁省版权局著作权合同登记号：图字 06-2012-14 号

Authorized translation from the English language edition, entitled Crapshoot Investing：How Tech-Savvy Traders and Clueless Regulators Turned the Stock Market into a Casino, 1E, 9780132599686 by Jim McTague, published by Pearson Education, Inc, Copyright©2011

东北财经大学出版社出版
（大连市黑石礁尖山街 217 号　邮政编码　116025）
教学支持：（0411）84710309
营 销 部：（0411）84710711
总 编 室：（0411）84710523
网　　址：http://www.dufep.cn
读者信箱：dufep@dufe.edu.cn

大连美跃彩色印刷有限公司印刷　　　东北财经大学出版社发行

幅面尺寸：170mm×240mm　　字数：156 千字　　印张：11　　插页：1
2013 年 6 月第 1 版　　　　　　　　　　　　2013 年 6 月第 1 次印刷

责任编辑：王　玲　张士宏　孙　越　　　责任校对：何　群
封面设计：冀贵收　　　　　　　　　　　版式设计：钟福建

ISBN 978-7-5654-1148-9
定价：36.00 元

目　录

引　言　1

第 1 章　2008 不期而遇　9

第 2 章　市场变迁　21

第 3 章　惊人新闻　30

第 4 章　意外的参议员　36

第 5 章　闪电崩盘　46

第 6 章　震动与敬畏　61

第 7 章　典型代表　65

第 8 章　意外事件调查　69

第 9 章　Mary 和 Gary 遇到麻烦　73

第 10 章　毁灭之路　78

第 11 章　《证券修正案》的失败　84

第 12 章　闪电崩盘的先驱者　91

第 13 章　高频交易的诞生　98

第 14 章　邪恶的天才？　108

第 15 章　卑鄙无耻的恶棍　120

第 16 章　暗　池　124

第 17 章　波动恶棍　127

第 18 章　调　查　133

第 19 章　义务警员　141

第 20 章　潮流逆转　146

第 21 章　快报炸弹　151

第 22 章　替罪羊　156

第 23 章　真正的罪犯　162

第 24 章　在鲨鱼出没的市场投资　167

引　言

　　自 2005 年以来，股票市场已经发生了翻天覆地的变化，但是直到 2010 年 5 月 6 日，几乎没有人意识到这种地震般的变动，这天主要的平均指数都在 10 分钟之内发生了崩盘。公众突然意识到：那个经过设计能有效地将投资者的资金投入有前景企业的机制，已经变得像拉斯维加斯的赌场一样充满风险。本书讲述的是国会及证券监管者由于误判而导致错误决策的故事，这些决策虽然意图良好却造成惨重损失，它导致了美国一些大机构的毁灭，而且可能对美国的整体经济产生长期的损害。毫无疑问，修复这一烂摊子是接下来几年中美国政策制定者面临的最主要挑战，然而他们当中几乎没有人意识到这一点，他们仍然在回望 2007 年到 2008 年的信用危机，而没有看到更大的威胁就在眼前。

　　2010 年 5 月 6 日崩盘之前的第一季度，在焦虑不安的华尔街投资者看来风险警报似乎已经解除了，股市看上去一切运行良好，曾在 2009 年 3 月惨烈的大萧条中达到 12 年来最低点的主要股票市场指数却在 2010 年的同一月份奇迹般地恢复了 74%，投资者在身体无大碍的情况下再次考虑他们退休账户的收益，而且在前两年的市场崩溃中人们强烈动摇的对股市的信心现在开始增强。2010 年 4 月，散户开始将诸如黄金、大宗商品、国债等安全资产转换为股票及股票共同基金，这对于缺乏资金支持的美国企业来说是一个好消息。由于投资者的经历确实令人感到惶恐不安，因此可以理解他们像神经质的猫咪一样非常谨慎。股票市场尽管由于显著的反弹而保持了一个惊人的价位，但是大震荡后的余震倾向于野蛮的、不可解释的日内价格波动，道琼斯工业平均指数（Dow Jones Industrial Average，DJIA）在几小时内涨跌了100点左右。而在2008年之前，这种戏剧性的、不稳定的日内变动是很少的，DJIA变动100个点需要数月的时间，而不是半天。多年来，投资者已经习惯了将他们的收入投资在股票市场以获得可预期的公平长期收益，其没想到会发生疯狂的、以小时计的财富逆转。然而，自2008年以来，股票市场已经变得完全不稳定了，DJIA历史上20个最大日内价格波动中的15个发生在2008年。[1] 经常性的波动似乎已变得很正常，芝加哥期权交易所（Chicago Board of Options Exchange，CBOE）测度的SPX波动率指数，或称之为VIX，在2008年和2009年都很高。[2]

标准普尔（Standard & Pool，S&P）500日内价格波动3%时，通常被认为是不寻常的大变动。根据Birinyi Associates股票市场研究小组的结论，日内波动3%的天数在2008年有42天，而2007年只有1天，从2004年到2006年则是0天（见图I.1）。2%的波动是值得注意的波动，整个20世纪90年代中，发生2%的波动共有149天，从2000年到2006年，共有131天，其中一部分是由灾难性的"9·11"袭击所致，而在令以前的困难时期相形见绌的始于2007年的大衰退中，波动为2%的天数有156天（见图I.2）。

在2008年10月1日到2009年3月31日共计146天的交易日内，市场的日涨落情况尤其令人感到精疲力竭。[3] 通常上午开市的时候，散户做的第一件事情就是投资，但在这段闻所未闻的日子里，在东部标准时间下午4：00闭市的时候，投资者新购进股票的价值的下降幅度已经很值得注意了。因此，股票投资者开始失去从前的买入持有信心，变得极端厌恶风

---

[1] Historical Index Data, *The Wall Street Journal* online（July 2，2010）.

[2] Report of the Staffs of the CFTC and SEC to the Joint Advisory Committee on Emerging Regulation Issues，"Preliminary Findings Regarding the Market Events of May 6，2010，" Washington，DC（2010）：12–13.

[3] Clemens Kownatzki，"Here's Why You Are Getting Sick from the Markets，" Clemens Kownatzki's Instablog（2010），http：//seekingalpha.com/author/clemens-kownatzki/instablog.

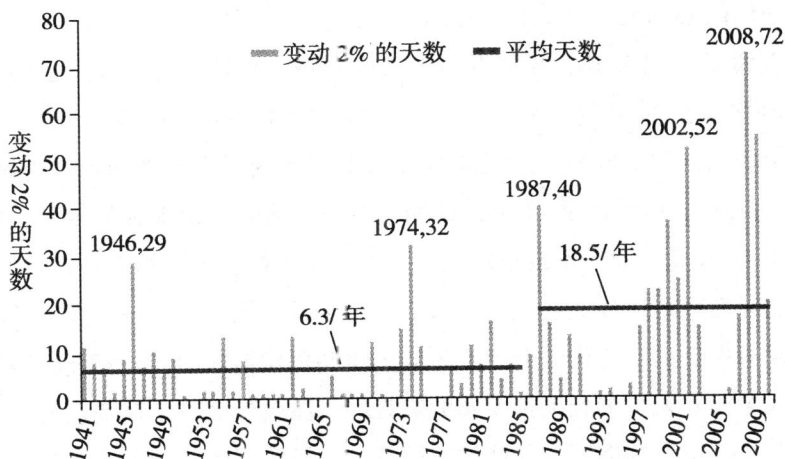

图 I.1 每年市场变动 2% 的天数

资料来源：Birinyi Associates

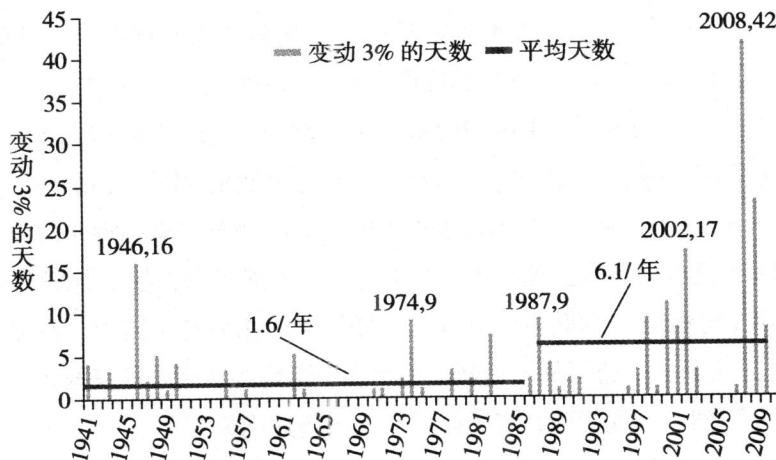

图 I.2 每年市场变动 3% 的天数

资料来源：Birinyi Associates

险，他们不忽视一条坏消息，也从没有不小心谨慎地接受一条好消息，当然也没有新的资金流入股票市场。

黑石集团首席权益战略家 Robert Doll 说："展现在我面前的市场是：在每个人的记忆中，2008 年末和 2009 年的大萧条都是记忆犹新的，因此，他们的心态是先出手然后再问为什么。"①

直到 2010 年年初，投资者不仅精疲力竭，而且他们的资金也即将耗尽。2007 年和 2008 年，大部分人的养老账户缩水 30% 到 50%，除了经历过大萧条的人们，没有人觉得还有什么事情比这更令人感到担忧。诚然，20 世纪七八十年代持续 16 个月的经济萧条时期是段很艰苦的岁月，但是自 1983 年开始，股票价格持续上涨，投资年年都会取得绩效最好的回报。股票已经变得可以预测，以至于人们忘记了它的风险，忘记了股市的收益率是没有保证的，忘记了股市不是一个他们负担得起的投入资金的地方。

几乎没有人预测到抵押市场的灾难性崩溃会带来贝尔斯登、雷曼兄弟等著名投资银行的倒闭，并诱发信用危机，导致因此减少了 800 多万个工作机会，造成总失业人数达到 1 500 万。在衰退发生之前，公众是乐观的，经济一片繁荣，失业率为 4.7%，连续 23 个月低于 5%，住房价格随股票价格一起上升，住房自有率超过 65%，增值让人们觉得自己很富有，他们用房屋净值贷款购买汽车和度假别墅，未来看起来充满希望。

2007 年 10 月 9 日，DJIA 达到 14 614.53 的高点，同一天，S&P 500 也达到了创纪录的 1 565.15 的高点。深受欢迎的 MSN 货币中心博主 Joe Markman 在 2007 年 5 月抓住衰退之前人们的病态兴奋心理，向读者保证 DJIA 会爬升得更高。他写道："除非世界经济完全失控，否则到 2012 年，DJIA 将锁定 21 000 点，所有人都好像生活在梦幻庄园中，在那里小孩永远不会长大，公司从不创新，消费者不再购买，甜蜜的家像防空洞一样安全。"然而，现实更具有嘲讽意义，市场的确失控了。2008 年，DJIA 下跌 37.8%，是自 20 世纪 30 年代以来的最低点。S&P 500 下跌 36.6%，是有记录的第三个最坏年头，NASDAQ 暴跌 40.5%，然而这仅仅是投资恐怖剧的第一幕。市场达到高峰之后一年，即 2008 年 10 月 9 日，DJIA 收盘于 8 579.19 点，2009 年 DJIA 继续下滑，最后在 3 月 6 日达到谷底，收盘于 6 547.05 点，这是自 1997 年 4 月 15 日以来的最低价格。数十亿的资产蒸发了，失业率达到 26 年来的最高水平——8.6%，年底前达到

---

① Tom Lauricella, "Dow Slides 10% in a Volatile Quarter," *The Wall Street Journal*, July 1, 2010.

了 10%。①

　　投资者重新认识到股市是一个极端无情的地方，大衰退时期，即使是高度分散的共同基金也难以为经济风暴提供保护。当股票、债券和实物资产的价值相继下降时，分散化不再起作用。

　　经济低迷对于婴儿潮时期出生的希望借助养老账户和 401（K）计划安度晚年的人来说是残酷的，401（K）计划变成了 201（K）计划是那些日子不断重复的黑色幽默。

　　婴儿潮时期出生的投资者把他们持有的股票迅速变现，将所得转移到最安全的、最能预测的投资上，包括通胀调整后收益可能为负的国库券。用刻薄尖酸的学者的话说，这些投资者在追寻资本的收回而不是资本的收益。

　　2009 年 3 月，市场奇迹般地开始复苏，牛市无缘由地到来，事实上大量的买入预示着 3 个月后衰退行将结束。

　　复苏的实际特征是，甚至在意识到衰退已经结束之前，许多人就已在激烈争论市场将会是牛市、熊市还是超级熊市。最乐观的经济学家，虽然为数不多，但他们预测经济会发生 V-型反弹，也就是说经济活动会迅速弹起，就像 2007 年和 2008 年发生信用和住房危机时经济迅速低迷一样。在他们看来，市场跌停回升反映了这种结果，因此像一个超级球一样反弹是市场的理性行为。

　　对于复苏，通常的观点是悲观的。很多人认为复苏是 U-型的。国内生产总值缓慢增长，下一个十年的前几年失业率仍然较高。他们认为对于股票市场过早持乐观态度，结果只能是白打如意算盘而不会得到实在的收益率。在这些悲观的人群中也有一些怀疑论者，他们怀疑银行和华尔街公司通过它们之间的相互交易已经抬高了股票价格。② 这种相互交易的行为将使具有大量现金储备的机构产生较高的收益率，受到经济环境的影响，这些机构将不愿意贷款。上述行为将会改善资本状况。

　　关于复苏的第三种观点是超级利空的经济学家的观点。他们预测经济

①　According to the Bureau of Labor Statistics, the unemployment rate was 8.8% in October 1983.
②　Rodrigue Tremblay, "The Great Fed-Financed Dollar Decline and Stock Market Rally of 2009," http://www.globalresearch.ca/index.php?context=va&aid=15350.

将发展缓慢，由于联邦货币刺激作用逐渐消失，经济在未来的某个时候将会突然停滞，呈现出"双底衰退"的现象。其中一些人认为，下降的"第二个底"也许会将国家拖进萧条之中。

经济学家和市场领袖无休止的争论几乎每日都在公司网页上出现，增加了投资者的不安。然而，许多人4月份又悄悄溜回股票市场，因为他们担心错过在衰退后的牛市中获利的机会，获利能够让他们忘记2007年和2008年的损失。他们不顾一切地弥补损失。他们记得曾祖父讲述的大萧条的故事，讲述的经济崩溃之后立即进入市场的投资者会获得财富的故事。然而，他们如此紧张，以至于不需太多惊吓就能使他们想起以前的情景。

时间快进到2010年5月6日，这天以精神受到刺激为主题。几乎破产的希腊公民暴动了，他们对欧元的未来产生了怀疑。大不列颠进行了对经济愿景将会产生重要影响的选举。数百万加仑的原油从墨西哥湾水下大约一英里的英国石油公司的破裂油井中喷涌而出，对世界上四个最大的海洋栖息地之一造成了难以估量的破坏，至少对美国四个州的旅游与渔业造成了灾难性影响。4月5日收盘于10 868.12点的DJIA，3天前还是11 151.83点。悄悄回到市场的投资者在发愁，而且他们开始收回一些盈利，这似乎是明智的。一些时事评论者预测欧洲事件或许会将整个世界经济拽进衰退。

东部夏令时间下午2：30，股票市场发生了奇异而神秘的崩盘，该事件被称为闪电崩盘。① 10分钟内DJIA下跌700多点，是历史上一天中下降幅度最大的，在接下来的10分钟内又开始反弹，事件发生的速度是令人震惊的。另一个市场跳水的日子是著名的1987年10月的黑色星期一。但是监管者认为，闪电崩盘之后似乎什么也没发生过，市场已经恢复了。在声名狼藉的5月6日，股票市场发生爆炸般的波动，导致投资者在几秒钟内破产。人们怀疑闪电崩盘是经过策划的，是由一类被称为高频交易者的新的市场参与者设计的。这些精通科技的交易者用新一代的计算机与人工投资进行较量，结果似乎总是计算机赢。

---

① 所有的时间都是东部夏令时间。

奇异合成抵押债券在 2007 年和 2008 年对全球信用市场造成了巨大破坏。一些曾经设计了它们的物理学家兼数学家，正在交易价值数百万的股票，他们持有股票 2 分钟或更短时间，这儿赚分分钱，那儿赚分分钱，交易日结束的时候赚了一大笔。数据表明全美国 73% 的证券交易涉及高频交易，其能在几毫秒内接受指令完成交易。[①]

高频交易者靠波动而生存，而波动对于长期投资者来说是令人讨厌的。令人疑惑的是，位于日益极端的日内市场波动底部的高频交易者是如何用高级技术和算法操纵股票价格的。甚至更令人感到不安的是，交易所为这些高频交易者提供了不公平的优势。在《骗中骗》的现实版中，这些高频交易者在数据公布在证券报价机前就知道股票价格和市场走向，证券报价机是向公众提供数据的证券买卖汇总记录带。那么，散户在闪电崩盘之后立即拿着他们的钱夺路而逃也就不足为奇了，他们中一些人转而将钱投向债券。每个结算日买卖数十次股票的散户日内交易者，将他们的注意力集中在商品市场，因为如果股票市场像猪腩市场一样具有风险的话，投资者或许会转向商品交易（Commodities Mercantile Exchange，CME），商品交易的税收和利润更具有吸引力，他们也会购买股票指数期货。因此，许多日内交易者转向美利坚证券公司，该公司开始推出针对其需要的新商品服务，其是该领域内增长最强劲的公司。

"我们经常看到现在很常见但 6 个月前未曾见过的东西，"美利坚证券路由战略的董事总经理 Chris Nagy 在 2010 年 9 月的访谈中说。他继续说道："散户时不时像股票市场专家一样发言：'市场不公平'。"

由于闪电崩盘后波动似乎更加显著，大部分散户在整个秋天处于观望状态。经济学家 Ed Yardeni 在 2010 年 8 月 5 日写实时通讯的时候抓住了散户的情绪："股票市场最近几个月呈现出两极特征，从狂躁到忧郁，然后回来。S&P 500 自 4 月 23 日达到顶峰，到昨天为止，有 38 天下跌，33 天上涨。下跌了 527 点，上涨了 437 点。同一时期，DJIA 在 37 天下跌了 4 231 点，34 天上涨了 3 708 点。所有的震荡，伴随着这样那样很微小的运动，导致人们在牛市、熊市情绪间摇摆，令大多数投资者感到精疲

---

① Robert Iati, Adam Sussman, and Larry Tabb, "US Equity High-Frequency Trading: Strategies, Sizing, and Market Structure," VO7: 023, September 2009 (www. tabbgroup.com): 14.

力竭。"

　　事实上，市场从不雷同。意图良好的监管者和立法者已经干涉了市场结构数年，不经意地将视为国宝的东西变成了由难以预测的高速计算机主导的"赌场"。闪电崩盘是其造成的困境的一个表象。

　　本书讲述的是闪电崩盘及其起因的真实故事，你在政府的官方账户中是看不到的。它描述了国会和证券交易委员会（Securities and Exchange Commission，SEC）在20世纪70年代早期如何与市场一起扮演上帝，开始创造长期投资者的天堂，却在不经意间地将其变成了金融炼狱。其不相信自动交易机制会使市场更公平，更有效率，还无意间破坏了全球的资本配置和就业创造机制，使其变成了对于算法交易商而言失控的状态。作为经济血液的资本正在流入生产效率较低的资产，如政府债券、贵金属和第三世界国家。投资者处于观望状态是因为现在的市场就是一个赌场。

第 1 章

2008 不期而遇

　　自 2007 年开始，两个长期股票投资交易员 Sal Arnuk 和 Joseph Saluzzi，在位于新泽西州查塔姆的安静的小交易房间里观察客户交易时，注意到股票市场价格发生一些怪异的运动。某些交易达到出价时，价格突然消失了，取而代之的是一个较低的出价。似乎某种看不见的邪恶力量正试图将交易者诱入不断追逐股价上升下降的轨道。以前他们从未见过类似的情景。其如此快的幽灵般的显现以至于交易者都没有机会赢得游戏，机会对交易者来说是不利的。如果其吞饵上钩，交易者最终就会比证券买卖汇总记录带最初的公告支付得更多而得到得更少。

　　价格波动幅度很大。Arnuk 和 Saluzzi 的工作是为他们代理的机构客户包括诸如景顺集团的大基金经理寻找大宗股票交易的最佳成交价。有人正在威胁他们的生计，他们所在的 Themis Trading 公司，是以司公平与信任的希腊女神 Themis 命名的。① 一些人正试图巧妙地在市场中减少这两个特性，这令他们感到怒不可遏。他们想知道这些人是如何做的。

　　Arnuk 和 Saluzzi 处理的大宗股票的股数，经常是 300 000 到 2 000 000。为避免信息泄露可能引起股市不平衡，增加交易成本，进行这些股票交易必须非常谨慎。股市总是为弱肉强食者提供机会。如果你不

---

① Kate Welling, "Playing Fair?" welling@ weeden, June 11, 2010.

避开这些冷血的交易者，你就和鲨鱼池里的凤尾鱼一样有被吃掉的可能。捉迷藏的游戏是无情的，"狙击者"总是不断寻找新的弱者。比如，一旦"狙击者"通过秘密情报网发现卖者有巨额库存股票要抛售，其就会抛售股票，这样会使股价下降，并使机构每股损失珍贵的5分、1毛，甚至是1分钱；如果其发现某个共同基金或养老基金正试图在股市上大肆累积头寸，其就会抢先交易，囤积股票，然后以高于机构保持收购秘密情况下的股票价格1分或2分多的价格将其卖给大买家。

为避免被"狙击"，像 Arnuk 和 Saluzzi 这样机警的交易者会采用很多策略掩饰他们的身份及交易量。如果一个大的共同基金想卖出几十万股股票以平衡资产组合，则其会找一个可信的捎客作经纪人使其找到另一个相当大小的机构以商议价格购买它的头寸。这是非常机密的，长舌者是被排除在外的。

如果不能找到一个大的交易方，基金交易者可能会让部分单子进入称为暗池的地方，这里是进行大宗场外匿名买卖的地方，在这里以期获得至少部分单子。有些暗池是排外的。假定参与者是公平的、诚实的，任何违反规则的行为将会造成暂停经营或永久停止经营。由于暗池的买卖双方不向公众或"亮"市场公报，它们不影响证券买卖汇总记录带的市场价格。在股票交易发生之前，公众或"亮"市场并不知道卖者在找寻买者，或反之，买者在找寻卖者。执行价格将记录在证券买卖汇总记录带上，数据在美国全国广播公司财经频道的底部滚动显现。

为了卖出剩余股票，基金通常会求助于自动交易软件将大宗买卖分割成较小的单子，然后送到不同的公开交易所。单子的大小及频率由基于价格、交易量和交易时间参数的算法决定。最后，基金和机构委托像 Arnuk 和 Saluzzi 这样的人工交易者运用他们的才智躲避"狙击"。

每种方法都有致命的弱点。例如，资金暗池限制了单子的大小。分割大单子的算法，可能在"狙击者"更快、更复杂的算法下及自动抢先交易的操作下几毫秒内成为逆向工程。在一年的期限内，高频交易者相对机构交易者的1毫秒优势价值10亿美元。①

---

① Richard Martin，"Wall Street's Quest to Process Data at the Speed of Light," *Information Week*, April 21, 2007.

Arnuk 和 Saluzzi 所察觉的骗局是相当高水平的，并不是交易者所面临的普通陷阱。忽隐忽现的价格是如此变幻莫测，其就像一战中 F-16 喷气式飞机的编队突然出现在索普威斯骆驼中一样。令人啼笑皆非的是，这一现象刚出现，SEC 就开始执行它的全国市场系统管理（National Market System，NMS）规则，这是一个旨在增加交易所之间的竞争以降低客户成本，以及使市场更利于长期投资者的全面改革。它是 1975 年由国会提出要求，在 30 年之后的 2005 年最终由美国 SEC 制定，两年之后生效的规则。显然，二者之间存在关联。这激起了这两个交易者的兴趣，他们决定深挖此事。

Arnuk 和 Saluzzi 并非是想一试身手或出风头。他们不知道自己正在介入什么，也不能预见他们的发现对投资界将会产生怎样的影响。自 2002 年，他们就在查塔姆的高档郊区过着美好的生活，那儿毗邻美丽的肖特希尔斯购物中心，附近有崎岖的高速公路通过。如果在内曼·马库斯附近的 24 号公路那下车，看！你就站在了《留给比弗》中的商业街上，那儿有漂亮的 20 世纪 40 年代的木屋、林荫大道和修剪整齐的草坪。查塔姆离华尔街正好 25 英里，但是却好像在其 10 000 英里之外，曼哈顿老城的狂暴潮流没有一个在这得到证实。那儿没有手脚麻利的人拥堵人行道，没有高音汽笛堵塞街道，整个星期就像礼拜天一样安静。

Arnuk 和 Saluzzi 两人都是华尔街上的老手。在为大公司工作 10 年之后，他们将曼哈顿和布鲁克林之间两小时的往返路程"变成"了 10 分钟的路程，这样他们就有足够的时间训练孩子参加少年棒球协会的活动。[①]这是一个乌托邦式的理想生活，他们能够在挣钱养家和教养孩子之间取得平衡，而无需考虑疯狂的交通堵塞和拥挤的地铁。

他们在古雅的位于城市中心的木制村落租了一间办公室，对面是舞蹈室、茶馆、网球店和一个美丽的沙龙，那儿没有交易大厅。他们的空间是开放流通的，在三面墙上都有大窗户可以让阳光照进来。如果他们没有租下这儿，很可能房地产公司或小的会计事务所会租下。

办公室里面是男人的私密空间，高尔夫球棒靠墙立着。Arnuk 和

---

① Kate Welling, "Playing Fair?" welling@ weeden, June 11, 2010.

Saluzzi 及其他三个交易员穿着他们周六最好的衣服：牛仔裤或短裤以及 T 恤衫。那儿有很多计算机，他们的"交易大厅"里摆放着一个长桌子，其上面放着四五个多屏计算机屏幕，通过这些屏幕他们可以看世界、看市场以及看他们的客户进行买卖，并和交易者讨论一下令人沮丧的纽约大都会的赛事。

两人都喜欢棒球，虽然没有一个人打得比青年团好。作为成年人，他们有极高的激情训练他们儿子的球队。Arnuk 曾就读于位于布鲁克林的负有盛名的波利预备高中，这是一个私立中学，其校友包括 SEC 前主席亚瑟·李维特。李维特曾经和他的父亲及兄弟形影不离地一起观看黑白电视上的棒球比赛，他也会和他的孩子一起看棒球比赛。Arnuk 是一个强壮的、谈吐温和的男人，他戴着黑边眼镜，看上去像一个教授，他平静的外表下隐藏着其乐于竞争的内心。Saluzzi 曾在布鲁克林的天主教高中福德高中就读，他自己就像一个棒球运动员，穿戴整齐，迈着悠闲而矫健的步伐。

这两个布鲁克林本地人很久以前就相识了，而且像兄弟一样亲密。他们相识于 20 世纪 80 年代后期，大学毕业后第一家供职的摩根士丹利公司。在布鲁克林的贝瑞奇长大的 Arnuk，拥有纽约州立大学宾汉姆顿大学金融学学士学位。来自羊头湾的 Saluzzi，拥有缪乐大学金融学学士学位。在闻名遐迩的摩根士丹利工作了一段之间之后，他们各自独立地认为要在金融界进一步发展，最好获得硕士学位。因此，他们离开了摩根士丹利而申请就读 MBA 项目。Arnuk 在纽约大学的斯特恩商学院就读，而 Saluzzi 几个月之后进入北卡罗来纳大学的凯南弗拉格勒商学院学习。

1991 年，Arnuk 毕业；1993 年，Saluzzi 毕业。之后，Arnuk 入职 Instinet，一家专门从事电脑化交易的全球经纪公司。他为 Saluzzi 在那儿谋了份工作。此时，他们成了邻居，他们都已经结婚，而且在贝瑞奇安了家。

2002 年，Saluzzi 和 Arnuk 厌倦了卑鄙的竞争，决定到新泽西州开创他们自己的公司。Arnuk 是第一次去，他说服 Saluzzi 和他一起干。

他们没有大笔大笔地赚钱，那样会使参议院或众议院的国会议员谴责华尔街，但是他们也没有做得很差。无论如何，关于财富的业务都不是排他的。他们自给自足，自己做自己的老板。但是在 2007 年，某些人正以不公平的方式威胁着他们的业务。就像棒球运动员体内的类固醇迅速增加就使其能比其他运动员打得更远一样，某些人正在市场上使用与类固醇作用相当的东西以比其他人更快地进行交易。

当他们开始追踪那个人时，他们知道了 NMS 规则是如何从根本上改变了市场的，这令他们感到十分震惊。这种改变造成了高频交易者数量上的攀升，高频交易者不断向市场提供超级电容计算机、先进的模式识别和能战胜市场的统计软件。这些家伙无处不在，但现在似乎更多了，其自由的交易机制比市场上曾配置的其他交易机制更快。他们操作这些超频计算机买卖股票赚钱，却没有直接的人力进行监督。每一个公司都有上百个这种厉害的交易天才，他们的数量每天还在增加，因为风险资本家和对冲基金到处提供启动基金。显然，许多人认为高频交易（HFT）是快速而又方便的赚钱途径。

普通投资公众没有意识到《天外魔花》的市场版正在上映。高频交易部门一些最大的操作者的名字并非家喻户晓，他们是诸如 Getco 和 Tradebot 等自有资金交易公司及 Millennium、DE Shaw、WorldQuant 和 Renaissance Technologies 等对冲基金公司。其他则是一些著名的对冲基金的名字。但它们对交易机制的攻击并未引起投资者的关注，因为高频交易只占利润中相对较小的部分，在年报中并未公开数字。由于在抵押市场崩溃中发挥的作用，在公众眼中已经声名狼藉的高盛也有着数量巨大的高频交易。像美国银行、经纪公司和瑞士信贷的注册经纪人，都为想实战的客户提供整套奇异交易算法及其他服务。但是如何成功操作则是秘密的。它们为什么要诱惑模仿者呢？

商品交易者、计算机科学家和运用设计好的公式击败任何人工交易者的数学家一起淘金。人脑的反应速度和聪明程度比不上天才们设计的超频的氮冷却计算机，其也很难应对每日价值数亿的股票交易。交易科学家开始编写算法，这样他们的计算机就能够超越竞争对手的，但这样就诱发了竞赛均衡。数学家和计算机专家团队正夜以继日地工作以改进他们的机器。

Arnuk 和 Saluzzi 发现这些新的竞争者有另外的显著技术优势：大部分

的计算机分布在交易所或其附近。这意味着对于月租极高的高频交易公司来说，它的服务器能直接连到股票交易所的服务器上，相对于其他不能够或不愿意有这种连接的人，如散户，高频交易公司能够早几毫秒得到价格和交易数据。在高频交易者看来，这种低延时网络完全是可以接受的。以高频交易为主的经纪公司的创始人 Alistair Brown 在 2007 年接受杂志采访时说："任何公平的市场都会从那些率先提交委托订单的买家或卖家中选取最佳价格。速度毫无疑问是一个问题。当市场变动的时候，如果每个人能够获得同样的信息，那么你会希望自己是第一个获得信息的人。那些太慢的人会被抛到后面。"[1]

高频交易公司根据其应用的策略编写程序，其持有股票的时间从 2 分钟到 2 天不等。其目标是在每笔交易中赚一点，而不是孤注一掷。这是一个完全可预测的业务，因为时间越短，基于历史的价、量和其他数据预测未来就越容易。随着时间的延长，系统将变得日趋不稳定，这就是为什么长期天气预报不可靠，为什么多年信用对冲基金 2007 年赔得精光的原因。2007 年的教训导致人们对于所谓 quants（数量投资者的缩写）印象深刻。其以宗教热情进行高频交易，风险较少意味着收益较多。位于密苏里州堪萨斯城的高频交易者、Tradebot 的创始人 2008 年告诉其学生，他的公司象征性地持有股票 11 秒，4 年间从未亏损过一天。[2]

高频交易行业的利润并没有公之于众，只有小道消息，因此没有人确切地知道该行业的人们一年赚多少钱。仅赚取价差及通过做市商的角色赚取交易费，这些公司最保守的估计收益也为 200 亿美元，然而这仅为不足10% 的高频交易领域的收益情况。

做市商为了赚取价差和交易费采取与传进单子相反的操作。通常这种操作每股会赚取不足 2 分钱，但是如果高频交易公司每天的交易量以数百万股计，它就能够获得相当漂亮的年收益，一些公司的收益率接近 300% 。

2008 年 12 月，Saluzzi 和 Arnuk 强烈质疑市场出了什么问题。像所有

---

[1] Richard Martin, "Data Latency Having an Ever Increasing Role in Effective Trading," *Information Week*, May 25, 2007.
[2] Stephen Gandel, "Is KC Firm the New King of Wall Street?," Curious Capital blogs, *Time Magazine*, May 18, 2010.

训练有素的调查员一样，他们在许多高频交易公司培养内部资源。Arnuk和 Saluzzi 的发现令人感到不安：基于他们对这些事实的看法，高频交易公司正在以新的迂回的可能不道德的方式运用它们的超级计算能力隐蔽地"攻击"机构客户，提高了后者的交易成本，而且透过某些策略，我们发现其似乎在露骨地操纵着市场。Arnuk 和 Saluzzi 探测出了惯性激发的特征：一个算法激发了一系列交易，诱使其他机构相信一个特定的股票在走高或走低。具有欺骗性的是，这个操作者为操纵市场价格假装很有兴趣买卖该股票。这种有争议技术的受害者涉及共同基金和养老基金，因此归根结底，小投资者因为华尔街的贪婪受到了重复伤害。没有人注意到，至少不是所有的 SEC 委员和美国金融业监管局（Financial Industry Regulatory Authority，FINRA）的检查者都注意到了这一点。FINRA 是一个负责制定经纪人政策和股票交易政策的金融机构。SEC 的职员和华尔街专家日常的个人接触很少，他们除了知道股票平均水平的走向外，对其他知之甚少。他们信赖 FINRA，而该机构却有着不太勤奋的名声。

Arnuk 和 Saluzzi 没有政治上的关系，他们的公司是小公司。但是，他们感到迫切需要发出警报，将他们的怀疑告之广大的投资公众。市场中的某些东西已经有所倾斜。所以这俩人选择用白皮书将他们的发现传递给他们的 30 个机构客户，然后发表在博客上。这些客户仅有 2% 到 5% 的订单流是通过 Themis Trading 交易的。Arnuk 和 Saluzzi 基于在其他地方交易的其余的订单流，认为客户由于没有意识到发生了什么，正将大把的钱输给高频交易者。

Arnuk 和 Saluzzi 将白皮书命名为"华尔街上中毒的股票交易订单流：量和波动性激增的幕后力量"。白皮书更像一个社论，而不是学术论著。Arnuk 和 Saluzzi 没有提供经验事实，仅仅阐述了他们的预感。确凿的证据很难得到，没有人，甚至高频交易顾问 Tabb Group 也不能确切地说出到底有多少高频交易公司。市场的高频交易缺乏监管，同时其也是小心谨慎的，交易者尽可能秘密地进行交易以保护他们的"秘诀"，即用于打败其他交易者的算法。然而，二人的交易经验合起来有 40 年，他们懂得市场机制，看过数百个利用不警觉的投资者的设计方案。他们有自己的告密者，这使得他们更相信现在这样的事情随处可见。

白皮书断言：股市波动激增，大多数人都将其归因于开始于 2007 年 8 月的全球金融危机，实际上很大程度说其是高频交易导致的后果，高频交易利用证券交易所新规则的精细变化侵犯了市场公众的利益。

"报价变化的次数已经激增了，" Arnuk 和 Saluzzi 写道，"原因是高频交易者正在寻找潜在的流动性。据估计这些高频交易者每 100 次实际交易中会下单数百次到上百万次。"高频交易机器几乎可以在瞬间下单或取消，仅根据高频交易者是否有兴趣在特定的价格买入，Arnuk 和 Saluzzi 称这种行为为"pinging"，就像一个破坏者从隐蔽的潜艇中发出声纳。高频交易计算机会发出一个远离股票列示价格的指令，如果不能匹配，就立刻取消，然后再发另一个指令。机器会寻找有利于他们的隐蔽信息，例如是否有大机构试图执行大宗订单。

其战略是狡诈的。有一个机构交易者，他对计算机输入指令在股价为 20.00 美元至 20.03 美元时购进，再高就不要购买。理论上说，市场中的其他人不会知道这些。然而，高频交易者或许能意识到这种在特定股票 20 美元的时候购进的模式，是机构算法在累积大头寸。因此，高频交易者就会试探高频交易机构，或许其会以 20.05 美元的价格卖给机构 100 股，如果其没有反应，高频交易者会立刻取消交易进而提供 20.04 美元的价格，如果对方还没有反应，它就会再次取消交易并提供 20.03 美元的价格。如果高频交易机构买入股票，高频交易者就会知道它找到了愿意出 20.03 美元买入股市行情表上标价 20 美元股票的买者。然后，高频交易者又迅速回到市场发出买入指令，价格比高频交易机构最初的 20 美元高 1 分钱。买到股票后其会进行反向交易，继续以 20.03 美元的价格将其卖给高频交易机构。那额外的 1 分钱，Arnuk 和 Saluzzi 断言，相当于散户和机构投资者的"间接税"。

大多数投资者——散户"羔羊"和迟钝的大机构交易者，并没有意识到自己已被榨取，因为其"死于千刀万剐"，且并不知道一个未邀约的中间人已经出现在自己和市场之间。

这类伎俩开始于 2007 年，NMS 规则为打破 NASDAQ 和纽约证交所（New York Stock Exchange，NYSE）双头垄断的局面，允许其他交易所交易上市的证券。先前，在 NYSE 上市的股票主要在 NYSE 交易，在

NASDAQ 上市的股票主要在 NASDAQ 交易。新的计算机化的交易所迅速增加，渴望从 NASDAQ 和 NYSE 分得一杯羹。面对新的竞争者，为了生存，NASDAQ 和 NYSE 被迫公开上市。突然间，要求它们对股东负责，而股东通常要求自己的投资有较好的收益。所以，曾经风云一时的交易所不得不使出浑身解数从新的竞争者那里夺回它们失去的交易量。它们很快发现高频交易者是有钱的客户，能使十几个证券交易所之间、证券市场与商品市场之间的套利价格无效。NYSE 和 NASDAQ 恳请像所有其他交易所一样从事高频交易业务，它们会为主要客户提供特别交易优势。

"在 2007 年及出台 NMS 规则之前，你不知道高频这东西，" Saluzzi 说，"NYSE 仍然是一个慢市场，80% 的交易是在交易所的大厅完成的。但是一旦这些交易转移到新的电子交易所，交易就会变快。由于 NMS 规则为高频交易开创了新的平台，整个市场交易量从 30 亿上升到 100 亿，人们都很狂热。"

由于高频交易公司作为做市商并提供从其他客户买入股票的服务，一些证交所提供给高频交易公司每股不足一分的折扣。高频交易公司一日买卖数千股股票，一分一毫加起来利润也是相当可观的。Arnuk 和 Saluzzi 在他们的白皮书中声称折扣计划无意间导致了他们称之为"烫手山芋的交易"，这种交易使市场交易量统计资料"膨胀"，使市场看上去比实际具有更大的流动性。

"如果两个家伙来回交易 100 万次 1 000 股股票，那就是 10 亿股。真的是 10 亿股在交易，还是 1 000 股在两个家伙之间换手了 100 万次呢？我们认为实际交易量是 1 000 股。"

交易量，无论真假，均为证券买卖汇总记录带上的数据，该记录带是一个有市场的商品。一个交易所年末汇总记录带上的数据越多，它从资讯供应商和经纪人那儿获得的数据销售收入就越大，因此其不愿意看到出台相关法律制止这样的交易。

Saluzzi 和 Arnuk 谴责高频交易者因为比其他人动作更快还玩其他游戏。由于 NYSE 和 NASDAQ 都邀请高频交易者将服务器布置在交易所的服务器附近，因此缩短了其执行单子所需的时间，这是其比其他人更快的部分原因。每一个服务器机柜每月的成本是 1 500 美元到 50 000 美元，安装成本是 5 000 美元到 50 000 美元。NYSE 很乐意做这些新业务，在 2007 年 10 月其设法使程式交易者能更容易地推动市场上升或下降。白皮书声称，如果市场在任何方向上的变动超过 2 个百分点，NYSE 就会关闭程式交易。NYSE 声称现在通过运用"交易上下限"来限制市场波动性并不像 20 世纪 80 年代后期那样有意义。上述规则是在 1987 年的黑色星期一，即自大萧条以来股市下降幅度最大的一天之后制定的。其在白皮书中写道："在一个更加商业化的水平上，NYSE 处于竞争劣势，因为其他没有管制的市场中心正在进行程式交易。"

白皮书中引证的一个臭名昭著的策略是，运用少数的 100 股或 500 股的连续快速交易让每股价格飙升 10% 到 15%。然后，高频交易者会突然将其抛售，因为其清楚地知道价格是人为抬高的，股价很快就会开始下降。

作者虚构的一个例子是，一个机构买入者正试图以 20 美元到 20.10 美元的价格累积头寸。高频交易者运用与折扣交易者同样的技术，像机构的单子一样出价 20 美元。当机构投资者的下一个出价是 20.01 美元时，高频交易者的买入价是 20.02 美元，其会驱动价格上涨，机构投资者会跟进，以 20.02 美元买入更多股票。高频交易者以这种形式使股价攀升到 20.10 美元，机构投资者则会一路追逐价格。此时，高频交易者会以 20.10 美元的价格将其抛售，因为其知道股价非常可能会回落至低于 20 美元。

最后，Arnuk 和 Saluzzi 这两个交易者指责高频竞争是一种犯罪，用专业术语将其称为"惯性激发"。高频交易者应用这种策略加速市场的上下波动，创造价格的上升或下降趋势。高频交易者能迅速确认或取消许多单子，执行一些真实的交易来"哄骗"其他交易者跟进，使其进行更加频繁的买卖。或者，高频交易者可能会诱发一些停滞的止损单，引起股价下降。如果高频交易者能诱发价格运动，其就可以通过清偿早期建立的头寸而获利。这种策略对于交易不太活跃的股票可能是非常有效的，这类股票很少引起公众注意，而且容易受到相对较小的交易量的价格运动的影响。①

Arnuk 和 Saluzzi 将白皮书发给客户之后，又在他们的博客上发表，他们期望白皮书的内容能被投资界发现，并被广泛传播与讨论。毕竟，这是万维网上经常发生的事情，不是吗?

"我们并非是为了自己出名，" Arnuk 后来说，"我们想做的是改正错误。我们在和客户分享这些东西，以便其今后交易时可以改进自身的行为。"

Arnuk 和 Saluzzi 的指责并未达到应有的效果。市场被操纵了。没有任何人注意到他们所关心的东西。监管者"睡着了"，其没有对玩弄市场者、惯性激发者或 pinging 交易者"吹响暂停的口哨"或对他们予以惩罚。这是很可恶的，因为 NYSE 和 FINRA 在粉饰它们的行为，在其摆脱 Bernie Madoff 设计的臭名昭著的"庞氏"骗局的指责之后。

也就是说，在这两个投资者发表他们的白皮书之后，压根什么也没有发生。2008 年 12 月，投资者对诸多事情印象深刻，因为其经历了救助、失败、银行破产和巴拉克·奥巴马的民主党政府换届，然而白皮书却成了背景"噪声"。

Arnuk 回忆道:"除了我们的客户之外，并没有引起争论，甚至没有人提起过我们的发现。"②

两人很失望，但是他们并不气馁。对于他们来说，这是个人的事情。高频交易公司威胁着他们的生存，但他们继续拼命工作，尽管变得比较沉默。具有先见之明的白皮书 7 月重印了，Arnuk 和 Saluzzi 在重印版里警告说，可能会发生由高频交易导致的快如闪电的市场崩溃。高频交易者通过和注册经纪人签订"赞助准入协议"，从而与股票交易所保持着"无过滤"的联系。经纪人事实上只担保他的客户是正直的，其没有从事不动产业务。但是公司可能是资本弱化的，也可能由罪犯控制，所有监管者都知道这些东西。

"由于客户要求最快的速度，这些安排多数没有进行交易前风险控

---

① Securities and Exchange Commission, "Concept Release on Equity Market Structure: Proposed Rule," *The Federal Register* (January 21, 2010) 3609.
② Author interview in June 2010.

制。在今天这种完全电子化的股票市场中，一个打字错误就可能造成巨大损失。一旦按下按键，就没有什么能阻止破坏事件的发生，"他们在白皮书中写道。

再一次地，几乎没有人注意到他们的警告。这些警告听起来刺耳、牵强，就像千年虫恐慌，它预测全球计算机在 2000 年 1 月 1 日发生系统紊乱，因为 20 世纪的计算机程序不能识别 1999 年之后的日期。但是，后来人们不再对白皮书那么冷漠，尤其是在发生了有关 FBI、坏脾气的华尔街银行家、出生于保加利亚的博主和自负的美国国会议员的滑稽事件之后。

第 2 章

市场变迁

NMS 规则的出台使投资领域发生了闪电般的变化，以至于普通投资者尚来不及觉察。普通投资者虽不是那些跟不上时代的人，但是也没有时刻关注股市。对普通投资者来说，市场仍然像以前一样运行着。在他们的脑海里，只有两大交易所：纽约证交所，即"大板"，和 NASDAQ 交易所。但事实上，存在着十多个证券交易所和数百个其他交易渠道。散户从提交订单给经纪人到收到交易确认书仅需短短几分钟的时间。也就是说，他们并不关心所买进的在 NYSE 上市的股票是他的经纪人卖给他的，还是通过暗池进行交易的，或者是通过他从未听说过的其他交易所，例如 BATS，或者 Direct Edge，或者 National Stock Exchange，进行交易的，他既不知道也不关心经纪人如何路由他的订单。一旦投资者费心去观察就会发现，电子设备和激烈竞争使市场变化万端，这会令其震惊不已。当其尝试跟踪自己的一笔交易时，其就会觉得十分困惑。

美国商品市场比股市更早步入现代化。管理着投资终端的商品期货交易委员会（Commodities Futures Trading Commission，CFTC）并不试图像 SEC 那样"管头管脚地"监控市场。自 2000 年起，CFTC 就仅依据原则导向进行管理。前任委员会主席 Walt Lukken 说过，"一个以原则为导向的系统要求市场在商业运作中满足特定的公共结果。例如，美国期货交易所必须无间断地遵循 18 个核心原则，其范围涵盖了维持充分的金融安全到市场监管，目的是使有监管的合约市场保持良好的形象。这种方法对于监管者和被监管者而言都具有灵活性。随着技术和市场条件的变化，交易所或许会采用更有效的方式遵循授权原则。”

在新世纪之初，由于欧洲交易所之间的竞争，商品交易所不得不从在交易池中经由其他人进行交易的人工交易转向计算机交易。为回报欧洲各国政府允许美国商品交易所进入东半球，监管机构降低了外国竞争者的进入门槛。

在欧洲人踏上美国土地之前，只有四大商品交易所，还有几个小型的专门的区域性交易所，而所有这些交易所都由它们的交易成员共同拥有。最大的交易场所是芝加哥商品交易所（Chicago Mercantile Exchange，CME）、芝加哥期货交易所（Chicago Board of Trade，CBOT）、纽约商品交易所（New York Mercantile Exchange，NYMEX）和纽约期货交易所（New York Board of Trade，NYBOT）。随着日渐复杂的个人计算机的问世，整个 20 世纪 90 年代计算机交易开始盛行，但是这些交易所却因为电子化交易将威胁到其所有者的生存而抵制转变。

CBOT 是最古老的一家交易所，成立于 1847 年。在最初成立时，其专营小麦、燕麦期货。CBOT 被公认为 20 世纪世界上最具创新性的交易所之一。1975 年，其推出美国国债期货，后来还相应推出了基于 DJIA 的金融期权及期货，其成为对金融专家最有价值的对冲工具。

1898 年，CME 脱离 CBOT，成立了芝加哥奶油与蛋类交易所；1919 年，成立者又重新命名它为 CME，因为那时其主要交易奶油、蛋类及其他农产品。对于 CME 来说，20 世纪是一个创新的时代：1961 年，交易所推出了猪腩肉期货；1964 年，推出了活牛期货；1972 年，推出了第一个外币交易期货（这正是尼克松总统停止美元与黄金挂钩，破坏布雷顿森林体系的 1 年之后）；1982 年，又推出了股票指数期货。

纽约商品交易所即 The Merc 及其子公司 Comex，在 19 世纪 70 年代开始交易奶油和蛋类，之后又扩展到交易其他农产品。20 世纪 90 年代后期，交易所也开始交易一些贵金属、铜、原油、天然气、铀及其他商品。

纽约期货交易所之所以为人们众所周知，是因为 1983 年的一部喜剧片《颠倒乾坤》的一些场景取自那里，《颠倒乾坤》由喜剧演员 Dan Aykroyd 和 Eddie Murphy 担任主演。纽约期货交易所成立于 1870 年，其曾经是棉花交易所；到 20 世纪 90 年代后期，其交易范围扩大到咖啡、可可、棉花、乙醇、冷冻浓缩橘汁、糖、纸浆和外币。

商品交易所虽然已有 100 多年的历史，但几乎没有什么变化，因为它的管理结构使得竞争者进入该行业成本高昂。每个交易所都有它自己的"结算所"进行交易结算，这是一项成本高昂的操作。

20 世纪 90 年代，当欧洲一些资金雄厚的能够自动化操作的交易所试图在纽约和芝加哥建立阵地时，美国的交易所突然意识到它们迫切需要现代化的技术和牢固的市场地位。

欧洲早在数年前就感到形势不妙，要求进行改革。不考虑规模大小，德国和瑞士是最早建立电子化交易所的。1998 年，它们合并了各自的交易所，创立了欧洲期货交易所（Eurex），主要经营的项目包括金融期货、期权，还有其他衍生产品。这一新生的交易所不仅交易快捷，而且效率很高。它又把触角伸向伦敦国际金融期货期权交易所（London International Financial and Options Exchange，LIFFE）。LIFFE 最终采用电子化交易，建立了比 Eurex 使用的更为先进的系统。LIFFE 逃过一劫，不料后来竟被 NYSE 吞并。但是，这是后来的故事了。

当 LIFFE 和 Eurex 在美国设立分公司时，CME 进行了改革，采用了自动化的交易方式及股份制改革——买下交易商的所有股权，然后公开发行股票募集资金。这部分资金的注入使 CME 拥有买下 CBOT 的必要资金，后者因为未能及时应对电子化带来的挑战，从而失去大量市场份额。之后，CME 又收购了纽约商品交易所，最终控制了 96% 的市场份额。而 Eurex 和 LIFFE 却从未在美国获得足够动力使它们感到继续存在于此是值得的。

2006 年，亚特兰大洲际交易所（Intercontinental Exchange，ICE）以大约 10 亿美元的价格收购了 NYBOT。先前，ICE 以原油和能源期货和期权交易为主，继另一个能源交易公司——安然由于重大会计欺诈破产之后，ICE 公司中断了这方面的业务。2010 年，ICE 试图成为信贷衍生产品掉期市场的最大玩家，但是在 2007 年信用危机之后国会强制要求其从暗的场外交易市场转入交易所内开展业务。

从商品市场看，竞争导致合并。大量的交易活动被转移到 CME。至此，CME 成为"800 磅重的大猩猩"，使得监管这类市场的工作变得更为容易。商品市场与股票市场的发展方向背道而驰，在股票市场中竞争导致交易渠道层出不穷。

家喻户晓的 NYSE 和 NASDAQ 仍就屹立于股市之上，就普通投资者所知，这两个交易所依然是这一行业的主导交易中心。然而，其有这一误解是可以理解的。在 2006 年，这两家寡头垄断了股票市场交易量的74.1%。当投资者打开 Fox 商业频道或美国全国广播公司财经频道（CNBC）收看商业新闻时，每一交易报道的背景几乎都是位于华尔街11号的 NYSE 的交易大厅，因为这儿是唯一一个有人工中介的证券交易所。从 2007 到 2009 年，随着 NMS 规则放松了对具有竞争力的交易渠道的进入和扩张的管制，NYSE 和 NASDAQ 交易所的总交易量缩减到 50.8%。①2010 年 5 月，NYSE 所报告的市场份额是 21%，而在其顶峰时期，它曾自夸在 NYSE 上市的股票 80% 的交易是在那儿完成的。

NMS 规则允许经纪行内化交易，只要其能够匹配买卖汇总记录带上的最优价格。事实上，15% 的交易者（包括 100% 的散户）就是这样实现交易的。2010 年，大约有 200 多个股票经纪人加入这一行列。从实际情况看，全球范围利润的估计为 1 000 亿美元。② 通过比较，19.4% 的交易是在 NASDAQ 市场完成的，14.7% 的交易在 NYSE 完成的。

经纪公司很乐意从事内部交易，因为内部化订单能够降低成本，而且，通过内部化交易，经纪人可以在磁带记录之前对客户的交易数据先睹为快，公司的操盘手可以利用这一信息优势获取利润。

股票交易所和高频交易者怨声载道，其认为经纪人事实上已经垄断了所有交易中最具利润的散户交易。一位高频交易者说："每个人都希望与散户订单流交易，因为它是事先未通知的，且交易利润很大。你几乎可以得到每一个交易单子，且每天都在赚钱。"而交易所处理的大多数单子是

---

① Edgar Ortega, "NYSE Loses Market Share and NASDAQ Isn't the Winner," *Bloomberg News*, June 24, 2009.

② Thomas Peterffy, Chairman and CEO, Interactive Brokers Group, "Comments Before the General Assembly of the World Federation of Exchanges," October 11, 2010.

源于专业操盘手的"通知单子"。用业内人士的说法,这些订单是"有毒的",因为它们通常是与股市报价非常接近的限价订单,压缩了买者或卖者能够获利的价差空间。

高频交易者在交易所排队等候订单,其应该遵循"先来先服务"的原则。但是由于内部化,经纪人却不必遵循这一原则,对于特定股票只要他们给顾客提供的价格比全国显示的最佳买卖价格优惠 0.01 美分,他们就能够抢先交易。例如,如果一只股票在证券买卖记录带上显示每股 10.00 美元的出价,10.02 美元的卖价,而且散户向市场提交了单子,则经纪人仅通过 10.0199 美元的卖价就能攫取订单,避免该订单进入交易所。特别令交易所感到恼火的是,经纪人将交易所显示价格作为内部交易的基础。

只有在非常偶然的情况下,经纪人不能在内部为客户单子找到交易方,这时交易方切换为称之为"执行经纪人"的中间人。这可能是一个公司,诸如 UBS、Knight Capital,或者是 ATD,甚至是对冲基金,如 Citadel。执行经纪人自行决定是否要成为经纪人的客户交易方。如果其不接受,比如说是因为价差太窄,这一单子就会被送入暗池,暗池是一个场外交易场所,大机构在此匿名潜伏,试图进行大宗股票买卖而不影响公众或"亮"市场。许多执行经纪人拥有其自己的暗池。如果你的交易是在暗池进行的,则相较于买卖汇总记录带上的最佳价格,它们会给你 0.1 美分的改善。如果出于某种原因,执行经纪人无法在暗池中进行匹配,则其会把你的单子,用行业人士的话说是"废单",送到诸如 NASDAQ 或 NYSE 等地。整个过程在数秒内完成。

如果投资者想要其股票直接进入交易所,则其可以提出这种要求,但是一些经纪人会为此收取一些额外费用。

新竞争者的加入使 NYSE 和 NASDAQ 业务损失惨重,迫使其为争夺客户而战。这对它们来说是一段全新的经历。最初,为求生存,两个交易所都开始疯狂追逐足够的交易量。NYSE 收购了美国证券交易所,因为其预见到未来会更多地应用机器;NYSE 又收购了全电子化交易所——Archipelago,后者曾经吞并了太平洋证券交易所。NASDAQ 交易所吞并了费城证券交易所和波士顿证券交易所,费城证券交易所有着利润丰厚的期权市场。NYSE 和 NASDAQ 交易所又各自收购了一家欧洲的交易所来拓展其海外业务。2007 年，NYSE 集团公司与欧洲的泛欧洲证券交易所合并创立了纽约—泛欧交易所集团。2008 年 2 月，NASDAQ 兼并了瑞典的 OMX 交易所，创立了 NASDAQ OMX 交易所。

NASDAQ 交易所很早以前就转向了电子化交易，用其替代人工做市商充当证券买卖的中间人，从而赚取一些利润。由于一些做市商被证实是不诚实的，从而加速了从人工向机器的转变。NYSE 通过选举使自己成为混合型交易所，从而为受到威胁的真正做市商提供保护。NYSE 大约有一半的操作是经由交易厅完成的，它有 1 500 名员工为 5 个指定的做市商工作，包括 Barclays Capital、Bank America、Getco、Kellogg Specialist Group 和 Spear，Leeds & Kellogg Specialist。剩下的一半是在 NYSE ARCA 进行交易，全部是电子化交易。NYSE 会出现上述奇异情形，一部分是出于对过去美好时光的怀念，那时候多达 4 500 名员工为 55 个专业公司工作，他们为在 NYSE 上市的证券进行每一笔交易；另一部分则是出于营销上的考虑，因为市场中每当混沌发生时客户就希望有智者能进行逆势交易。

NYSE 和 NASDAQ 曾一度为会员所有，现在它们效仿芝加哥商品交易所，成为了上市公司。这样，它们的运行就不会既像老男孩俱乐部，又像市政公用事业了。现在，它们不得不在险象环生的商业环境中为股东赚取体面的报酬，而这个环境中，竞争者努力"拼杀"，"血牙血爪"。市场上出现了一类称之为高频交易者的新交易群体，他们大把大把地赚钱。一些交易所为争取业务而对高频交易者提供礼宾服务，例如紧挨着交易所自己的机器"配置"他们的电脑，这就使高频交易者能比其他人更快地进入交易。他们痴迷于速度，都是物理学家和电脑工程师，而且已经设计出算法，只需几毫秒的时间其就能识别交易模式，犹如火花一闪而过，然后执行有利于他们的交易。许多高频交易者做着几乎相同的事情，以至于较早接入对其具有巨大的吸引力，他们非常愿意为这点微弱的优势每个月支付 50 000 美元。

每个交易所都开始把自己独特的价格数据直接销售给资金雄厚的高频交易客户，这样在数据被公布到证券买卖汇总记录带之前，高频交易者能抢先几毫秒看到，因此他们享有了一般公众无法享有的信息优势。

　　具有讽刺意味的是，2000 年 8 月，SEC 采用了公平披露法则，主张公平披露信息，用代理者的话说，这一措施的出台是为了阻止"公开交易的公司和其他发行者有选择性地披露信息"。当股票发行者把重大非公开信息披露给市场专家，如股票分析师或养老基金经理时，它必须向所有投资者公开披露。之所以提出该规则，是因为人们抱怨经纪人午餐时的特色是其会和分析师和公司经理共同用餐，他们在此与选择性客户分享公司信息。

　　法则实施的当天，SEC 主席亚瑟·李维特说，"俗话说在房地产中只有三件事情最重要：选址，选址，还是选址。不幸的是，在某些人看来同样的法则也适用于投资领域，位置是在信息圈内部，即华尔街专家和他们的公司先于我们其余人分享重大非公开信息的小圈子。就像与装有大门和高高围墙的人家毗邻一样，进入信息圈并不总是众多美国小投资者的选择。"

　　"简单地说，这些实践公然挑战了诚实公平的原则。在这个国家里，我们以拥有世界上最纯粹的精英统治而自豪。我们教育孩子要通过勤奋和毅力获得成功。我们确信机会均等，每人都有成功的机会。美国市场应该没有例外。相反地，市场应该成为一座灯塔指引所有人，没有人应该被排除在外。"

　　的确，交易所不是发行者，但是一些人似乎让亚瑟·李维特倡导的公平精神无效，这让另一些人吓了一跳。具有讽刺意味的是，在 2009 年 8 月——几乎是亚瑟·李维特倡导市场民主化整整 9 年的那天，他为《华尔街日报》专栏写了一篇保护高频交易的文章，却忽视了自己是好几家高频交易公司的带薪顾问。亚瑟·李维特写道："SEC 应该忽略这些业已形成的对高频交易者进行抱怨和讽刺的漫画。这些交易者已经发展出在报价显示上战胜竞争对手的系统，他们在市场数据服务器附近获得空间以缩短每笔交易的时间，这些交易者不断地寻找无效率，利用它们，纠正它们。关于那些来自于他们投资和努力的利润回报，我看不出有任何的阴险和不公平。"

　　一些交易所甚至在高频交易者订购其数据供给方面走得更远，它们冻结客户单子几毫秒以使高频交易者能第一时间接触到单子，赚取交易回扣。这些就是所谓的"闪电指令"。Dan Mathisson，Credit Suisse 高级电子系统的董事总经理，是算法交易的先驱。在他看来，"闪电指令"违背了NMS 规则，弱化了国家市场系统的概念。[①] 李维特也赞成禁止这种实践。

事实上，在交易所的帮助下，高频交易者相当于开着一辆 1 200 马力的布加迪威龙超级跑车驰骋市场。然而，散户的经纪人在代理中并不使用类似的复杂昂贵系统，他们只能开着家庭轿车在市场中闲逛。

市场向有利于高频交易者的方向倾斜得太多了，以至于 2011 年 3 月，Credit Suisse 看到了巨大的商业机会，建立了新型交易平台——电子通讯网络（ECN），该平台有利于机构投资者，而不利于高频交易者。

SEC 与市场接触不多，它确信证券买卖汇总记录带是得到上市证券最佳价格的最好信息源，其排除了投资者在 10 个交易所、70 多个自动交易系统（ATS）中对每一个订购数据的需求。[②] 实际上，就在 SEC 的眼皮子底下，一个充满争斗的市场已经发展起来了：它们是有着财力雄厚的交易者的高端市场与散户低效的低端市场。这种争斗从未引起 SEC 的关注，直到 2009 年，Saluzzi 和 Arnuk 引起了人们的注意。

监管者也未能抓住更基本的事实。因为高频交易者同时在所有证券市场和商品市场执行相关交易，所以实质上证券市场和商品市场统一了。例如，若一位交易者意识到通胀危机在不断增加，他可以同时在不同的交易所买进黄金、原油期货，卖出股票和美元。牵一发而动全身适合于整个交易场所。交易市场就像无缝的万维网，但是"痴迷于跑马场"的监管者仍然以单一明确的证券市场和单一明确的商品市场的视角看世界。

特拉华州民主党人 Theodore Kaufman，SEC 的批评家，愤恨地抱怨道："我们的监管者在孤岛上工作。"[③]

Kaufman 在一次演讲中说："SEC 和 CFTC 划分了责任，在证券市场内，我们（也）有多个自我监管的组织（NYSE、NASDAQ、FINRA、国

---

① Dan Mathisson, "Unfair at Any Speed: Why Success Itself Is the True Target," *Traders Magazine Online News*, August 11, 2009.
② Testimony of James A. Brigagliano, Co-Acting Director, Division of Trading and Markets, U. S. Securities and Exchange Commission. Concerning dark pools, flash orders, high-frequency trading, and other market structure issues, www. sec. gov/news/testimony/2009/ts102809jab. htm.
③ Senator Ted Kaufman, "Unusual Market Activity: The SEC and High-Frequency Trading," May 13, 2010, *The Huffington Post*.

家股票交易所等）负责制定规则，但这些规则更多是孤立的。我们创立了一个'全国市场系统'，但是却忘记创立一个'全国管理监督系统'与之配套。"

由于这种双重现象，高频交易者正设法在这两个机构的鼻子底下谋取市场控制权。在 NMS 规则下，他们像野葛一样艰难地生存着，即使 NMS 规则倾向于认同长期资本配置应发生在市场中。NMS 规则声称："当长期投资者和短期交易者的利益发生冲突时，委员会的明确职责是支持长期投资者的利益。"[①] 尽管高频交易者曾给其他投资者带来好处，比如增加 S&P 1 000 股票的流动性，缩小价差，但是这需要付出代价。共同基金和养老基金必须为反游戏系统支付费用以防止高频交易者分其一杯羹，这部分成本将会转嫁给散户。而且，显然，这些新玩家加速了"闪电崩盘"的发生，吓跑了美国市场的散户。普通人士则认为美国期权市场被做了手脚，他们越来越多地投资海外市场和商品市场。

这些事件的发生犹如一部黑色幽默剧，从 1975 年到 2005 年，NMS 规则的制定历时 30 年。制定规则的主旨是保护小投资者的利益不受华尔街大亨的侵害。但是，距离 2007 年，规则生效才仅仅 5 年，"闪电崩盘"就已经证明了这是一场巨大的灾难。

---

① Securities and Exchange Commission, 17 CFR Parts 200, 201, 230, 240, 242, 249, and 270 [Release No. 34-51808; File No. S7-10-C] RIN 3235-AJ18, Regulation NMS, Page 19.

第 3 章

惊人新闻

Sergey Aleynikov, 身材瘦瘦的, 看起来很温和, 40 岁, 他是来自于俄罗斯的所谓归化公民, 他留着狮心理查式的胡子, 眉毛浓黑, 有着乌黑的头发。2009 年 7 月 3 日, 在新泽西州的纽瓦克国际机场, 当他到芝加哥参加一次工作面试返回时, 突如其来的危险正等待着他。美国联邦调查局特工以其涉嫌盗窃前雇主高盛高度机密的交易算法而将其逮捕。根据发布在一个专门网站 LinkedIn 上的简历, Aleynikov 曾是华尔街一家大公司负责期权战略的副总裁, 专门研究"高频交易和电信领域大规模并发低延迟、高度有效地分布式系统的构建和应用"。据报道, 他的年薪是 40 万美元, 对于一个副总裁来说, 这是一笔可观的收入, 但相对于高盛从高频交易赚取的利润来说, 这只是九牛一毛。但是高盛告诉彭博资讯, 通过高频交易赚取的收入仅占其整个收入 450 亿美元的 1%, 即仅为微不足道的 4.55 亿美元。但是, 怀疑者认为高盛进行的各种高频交易使其赚了几十亿美元。

高盛在 1999 年以 5 亿美元的价格收购了 Hull Trading 公司的操作系统, 之后, 其耗时 10 年多的时间不断完善这一系统。

Aleynikov 接受了 Teza 技术有限责任公司的职位, Teza 的创办人之一是 Misha Malyshev, 他曾是对冲基金 Citadel Investment Group 的交易员, 他

声称没有意识到 Aleynikov 会因盗窃被起诉。

如果不是在美国独立日的保释听证会上律师 Joseph Facciponte 发表了激烈言论，这次逮捕仍然是一件小事，他强烈要求美国地方法院治安法官 Kevin N. Fox 监禁 Aleynikov，以防止其潜逃。

"被告被起诉是因为他对投资银行进行盗窃，盗窃的是专有的高质量的大容量交易平台，拥有这一交易平台就可以在美国和其他地区的所有主要市场执行他们的全部交易。由于这种软件能够和各种市场和交易所接口，投行提出存在潜在的危险，即如果有人知道如何应用这一程序，那么他可能会以不公平的方式操纵市场，"Facciponte 说。

在 2009 年纳税人救助了华尔街之后，高盛声名狼藉，随着它曾经把不看好的投资推荐给客户的事件的曝光，在 2010 年高盛的名誉进一步降低。2009 年 3 月，当公众得知高盛的欺诈时，其蒸发了，高盛欺骗政府救助牵涉进信用违约掉期的交易伙伴，该信用违约掉期涉及陷入困境的保险大亨 AIG，AIG 接受了纳税人基金 800 多亿美元的援助。由于投资银行家造成的金融灾难，导致公众普遍带有反华尔街的情绪。公众认为高盛应该因高风险投资受到金融打击，而且它还是在华盛顿特区具有强大力量的惯耍阴谋的公司，批评者称它为"政府之盛"。银行家 Christopher Whalen 把高盛描述为"一个冒充投资银行的政治组织，其与政府高官同桌而坐。"①

因此，一提起高盛，人们倾向于想到其最阴暗的一面。当检察官说 Aleynikov 盗走的软件能用来操纵市场时，人们认为实际上是高盛在操纵市场。

Dan Ivandjiiski，最旦提出阴谋论的人之一，是来自保加利亚的归化公民，他和其他几位同事在 Zero Hedge 网站开了一个非常受欢迎的博客，他们以 Tyler Durden 为笔名写了耸人听闻的故事。② Ivandjiiski 和他的同事经常用古怪的未经证实的尖刻语言攻击高盛，指责它的可恶行为，比如监视浏览其网页的散客，以便在股市上能抢先交易。

---

① Marcus Baram, "Government Sachs: Goldman's Close Ties to Washington Arouse Envy, Raise Questions," *The Huffington Post*, June 9, 2009.
② Joe Hagen, "The Dow Zero Insurgency," *New York Magazine*, September 27, 2009.

Ivandjiiski 采取迂回策略进入了时事通讯行业。作为投资银行家，2008 年他的事业刚起步就戛然而止了，因为其由于内部交易被 FINRA 禁止从事证券行业。他从未承认这一指控，但是他的确同意在公共记录上登记 FINRA 的发现。他所谓的罪行是通过内部消息——Hawaiian Holdings, Inc. 说服一些贷款人增加他们对 Hawaiian Airlines 的信贷额度，并总共赚取了 780 美元。根据《纽约》杂志 2009 年的介绍，他一直处在未监管的市场区域内，成为了一名对冲基金分析师。同时，他开始写博客，内容是关于他所知道的股市，还有他的猜想，对他的读者来说，后者更重要。2009 年 4 月，他开始写有关高盛及其高频交易的博客，攻击所谓的"闪电交易"，直到那时普通公众才知道这一可疑的华尔街行为。交易所允许高频交易者优先看到客户单子，给予其成为交易方的机会。2009 年，高盛发言人 Ed Canaday 卷入了和 Ivandjiiski 的公开口水战，其目的只有一个，那就是增加年轻博友听众的规模。在很多人看来，Aleynikov 事件证实了他们对高盛公司最坏的推断以及对 Tyler Durden 最好的评价。

Ivandjiiski 是一个善于打探丑闻的人，这一技能毫无疑问是其自小从他父亲 Krassimir 那里学来的。成年后的 Ivandjiiski 是一个作家，曾任《保加利亚机密》的编辑，这是一份以有争议性的调查报告而闻名的小报。[1] 小报的网站宣称它构成"唯一的官方实体组织，为保加利亚和整个东欧地区提供有关经济、政治、新闻和社会咨询的信息。"

网站吹嘘道，"我们的组织由东方集团国家现代转型趋势中各个领域的专家组成，在保加利亚、波兰、捷克共和国、马耳他、俄国等都有办公地点。"

Durden 在关注了 Aleynikov 事件之后，又在 7 月 22 日报道了他在《交易者杂志》看到的两位股票交易所经理关于高频交易者的公开冲突。据报道，在 2009 年 5 月的市场结构会议上，William O'Brien，Direct Edge 交易所的首席执行官，与 NYSE 的 Larry Leibowitz 几乎对打，后者当时也是 U. S. Execution and Global Technology 的执行副总裁和经理，后来，被提升为首席运营官。其争吵的主题是 Direct Edge 使用

---

① Joe Hagen, "The Dow Zero Insurgency," *New York Magazine*, September 27, 2009.

"闪电指令"吸引高频交易者是否合适。对于一个价格,这些高频交易者在数据公布到市场之前,有足足半秒钟的时间浏览所有客户单子,而 NYSE 没有提供这样诱人的条件,而且由于它的立场它正在失去客户。Leibowitz 对 Direct Edge 和其他匹家交易所提供的类似服务提出异议,这些交易所包括 NASDAQ OMX 集团和 BATS 交易所,因为这种行为为某一类交易者提供了不公平的市场尤势,而对于弱势客户则延缓了他们的订单半秒钟。

《纽约时报》看到了这篇特别的博客,并于 7 月 24 日在显著位置对其进行了报道。报道中也提到高盏集团的前雇员 Aleynikov 被捕,而且讨论了其他传说的高频交易的弊端,以及 Arnuk 和 Saluzzi 所讲的诈骗,虽然报道中没有提及这两位交易者。记者 Charles Duhigg 写道:"高频交易者经常通过几乎同步发送和取消订单来迷惑其他投资者。市场规则的漏洞使得高频交易者能对其他人的投资先睹为快,他们的计算机本质上讲是横行霸道的,从而迫使动作较慢的投资者不得不放弃利润,然后在其他人尚未知道的时候其就消失不见了。"

作为斯塔顿岛的居民,来自纽约州的参议员 Chuck Schumer,有着许多来自于那个充满活力、人口密集的世界一角的人所具有的优秀品质。在一个有 2 300 万人奋斗的城市中,出人头地的机会是很少的。不善言辞的参议员并不羞于公开露面,恰恰相反,他喜欢站在聚光灯下。当他成为众人关注的焦点时,其就会露出难以抑制的迷人的笑容。许多由于无意间站在议员和电视摄像机之间而受到训斥的人可以证明:这个政治家强烈渴望受到关注。Schumer 阅读了《纽约时报》的那篇报道后,立即加大公开力度,他给 SEC 主席玛丽·夏皮罗写信,教促委员会禁止闪电交易,而且几乎立刻向所有主要的媒体公布了这封信。

"这种不公平的进入严重危害了市场的公正性,造成双重市场制度,内部特权集团享有优先权,为其自己的交易而变更他人的公平价格。如果这种情况继续下去,就会打击普通投资者使其失去信心,进而迫使他们远离我们的资本市场,"Schumer 写道。

NYSE 是 Schumer 的一个选民,是曼哈顿下城的一个大雇主,而 Direct Edge 位于泽西市的哈德逊河对面。十有八九,参议员 Schumer 听到了他竞选时最慷慨的募捐者之一 NYSE 对闪电交易的抱怨。在政府管辖的行业中，与政府有联系的公司会牢牢抓住政府这个保护者来阻止其他竞争者分割市场份额。

《纽约时报》的报道和 Schumer 的信使其他新闻机构审慎地看待高频交易。这种审慎变得如此强烈，以至于一段关于高频交易的短剧出现在美国喜剧中心的每日秀节目中，假新闻通讯员 Samantha Bee 装扮成一棵摇钱树，催促投资者在监管者禁止高频交易前尝试这一交易方式。短剧的主演是 Irene Aldridge，其曾经写了一本关于该主题的著作。

高频交易很快变成了一个受嘲弄的术语。可笑的是，证券行业在设法改变这一标签。一位从业者告诉记者他更愿意别人称他的公司为"自动自有交易公司"。

他说："至少自 20 世纪 90 年代早期起，自动化交易公司就存在。它们尽可能采用自动化交易，但是也有交易商在交易大厅使用掌上电脑终端进行交易。"

在新闻媒体疯抢消息时，Arnuk 和 Saluzzi 的白皮书不久就被发现了，他们两人被曝光在聚光灯下。

Saluzzi 受邀在有线电视商业频道彭博电视讨论他的发现。这一采访很显然被 SEC 的某个委员看到了，因为播出后不久，Arnuk 和 Saluzzi 就收到了 Henry Hu 的邀请，Hu 是 SEC 风险、策略和进入创新部门的主席。他们来到华盛顿特区，向 SEC 职员发表演讲，其正是这两个交易员想要的听众。

Saluzzi 和 Arnuk 带来了一个 PowerPoint 演示文稿，他们原以为仅是针对一小群人进行演讲。但令他们感到惊奇的是，他们被领进一间极度拥挤的会议室，听众包括机构的其他部门领导，还有一些顶尖的经济学家。演讲结束后，Hu 邀请他们两个共进午餐，目的是进一步探讨问题。

总的来说，尽管监管者有些相信这两位交易者的论点，但是，并不是每一个人都相信这是真的。一位曾在那天演讲时提问的听众说，他感到 Saluzzi 和 Arnuk 的交易方法有缺陷，这似乎合理地解释了为什么他们没有能力打败市场最优标价。① 但是，大多数监管者没有让他们立刻离开。虽然他们俩没有经验证据证明他们的指控，但是其提出了需要进一步调查的诱人问题。经济学家很喜欢他们对高频交易的洞察，即使总有机会证明其是一个"误测"——这是一个计算机程序术语，是指对一个构想的问题进一步调查之后发现其是不存在的。Arnuk 和 Saluzzi 给 SEC 留下了深刻的印象，他们的市场观察激起了委员会的极大兴趣，这已经是不小的成就。但是，他们依旧没能说服 SEC 的工作人员：现在正是迫切需要他们卷起衣袖，立即调整市场，阻止灾难发生的关键时刻。

和监管者见面后不久，Arnuk 在博客上写道："我们对牺牲其他利益相关者的利益而迎合某一类参与者的制度提出异议，这是不公平的。我们也对牺牲其他玩家利益而迎合某一类玩家利益的指令类型和安排提出异议。我们希望的是，监管者可以确保每一个人都能获得同样的流动性，无论其服务器设立在哪儿；我们希望的是，在偶然发现一般市场之前一个集团不能显示另一个集团的订单和意图。这难道不是共识吗？"

这也许是。但是对于国会大厦的政策制定者来说，其尚未达成上述共识。救救可怜的人们吧！

---

① Author interview with SEC staff who attended the meeting.

第 4 章

意外的参议员

《纽约时报》的报道引起了另外一个参议员的关注，与议员 Schumer 相比，他多了点顽固，少了点卖弄，而 Schumer 经过首轮亮相后，他的努力也开始消减。来自特拉华州的 Ted Kaufman 是一位新当选的议员，给人的第一印象是他非常谦卑。在乔·拜登当选美国副总统后，他被任命，而不是选举，接替了拜登议员，完成其剩余两年的工作。Kaufman 是你最意想不到的领导投资者的优秀人物。他之所以能做到这一点是因为他的不屈不挠，热情似火，以及对参议院非同寻常的了解。毫不夸张地说，他的故事是政治界最富传奇色彩的。

很显然 70 多岁的 Kaufman 被看做一个占位者。他曾经答应拜登在 2010 年底任期结束后不再参加竞选。权威观点认为，拜登想要一个开放席位，以便他的儿子 Beau 能够竞选该席位，从而在东海岸主要的高速走廊建立一个肯尼迪式的民主党家族王朝，那儿由于在 95 号公路上设立烦人的收费亭而被众所周知。

人们曾预期 Kaufman 这个年纪的人应该可以静下心来，享受旅游的快乐，因为他的角色显然已经是礼节性的了。但是，毫无疑问的是他当选了，因为他一直是拜登的忠实追随者，非常受器重，甚至可以不经审查就获批管理有争议性的大政府议程。

特拉华州州长 Ruth Ann Minner 说："如果你不能拥有他本人，就拥有与他关系最密切的人。"在 2008 年 11 月大选之后两星期，Minner 任命 Kaufman 接任拜登的工作。[1]

Kaufman 有着特殊天赋，经验丰富，而且是一个有原则的人，他是一个性格上绝不允许自己站着不动的占位者。身材高大、非常绅士的 Kaufman 比大多数选举议员更为熟知国会的内部工作。他曾担任议员拜登的幕僚长多年，对所有的内部计划都知情。他还有其他重要的资质：拥有著名的美国宾州大学沃顿商学院工商管理硕士学位，本科毕业于杜克大学机械工程专业。他精通银行和金融，而且喜欢解决复杂问题。

1966 年，27 岁的 Kaufman 为在杜邦公司工作，从费城搬到了他的家乡威尔明顿。随后他对地方政治的兴趣日益浓厚，以至于在 1972 年，他作为志愿者参加了 29 岁的拜登的竞选活动，在竞选中拜登险胜共和党人 Caleb Boggs 成为参议员。当时，Kaufman 负责统计选民投票率。

1973 年，Kaufman 开始全职为拜登工作，3 年后成为拜登的幕僚长，和参议员相处达 19 年之久。他们俩成了亲密朋友，Kaufman 一直是拜登的得力助手。Kaufman 很有思想，头脑冷静。1988 年 5 月，当拜登因脑动脉瘤在华盛顿特区的沃尔特里德陆军医院做手术时，Kaufman 一直代管着他的日常办公事务直至其康复。

后来，Kaufman 成为杜克大学国会研究中心的副主席。当特拉华州州长 Minner 邀请他接任拜登的参议员职位时，他正经营着自己的政治咨询公司。

从外表上看，Kaufman 比拜登更接近亚伯拉罕·林肯。他身材颀长，额头突出，脸庞消瘦，炯炯有神的眼睛饱含同情。如果他摘下大礼帽，露出浓密的灰白头发，留着胡须，他就会被当做林肯，正如好莱坞明星雷蒙德·马西在 1940 年所做的那样。

接任拜登的职位后，Kaufman 要求成为参议院司法委员会和外交关系委员会的成员，这些曾经是拜登任职过的委员会，也是 Kaufman 了解最多的委员会。他本应该要求一个银行委员会的职位，但是华尔街贪婪、冒险

---

[1] www.whorunsgov.com

的行为对美国家庭造成了"可怕"的影响，摧毁了美国经济，这令他愤慨不已。他想做一些事情，一些能够确保华尔街不再做出如此暴行的事情。

同样对华尔街感到愤慨的还有 Jeffrey Connaughton，一位天才的律师、说客。2008 年 12 月，Kaufman 任命他为幕僚长。Connaughton 是一位固执、充满激情、发奋图强的人，这让人们想起了 Richard Dreyfuss 在 Steven Spielberg 导演的经典电影《第三类接触》中扮演的 Roy Neary。Connaughton 对于 Kaufman 没有成为银行委员会成员而感到失望，因为银行委员会可以制定历史性的立法以改革华尔街和银行部门。然而，Kaufman 不认为他有时间学习一个全新的委员会的运作，并完成任何有意义的事情。Kaufman 认为，对他来说通过立法委员会解决华尔街的问题更实际。在位几个月后，他说服在那个部门工作的几位参议院同事，不论其是共和党人还是民主党人，并共同提出《2009 年欺诈执行与复苏法案》。两党共同议案批准了 1.6 亿美元请联邦调查局和检察官调查 2007 年国家经济崩溃背后那些进行大规模贷款欺诈的个人。

Kaufman 在参议院发表敦促议案通过的演讲时说："公众需要知道，贷款经纪人、信用评估人或华尔街的银行家一旦触犯了法律，他们也会得到罪犯一样的待遇。我们不能对人们抢劫了银行适用一套法则，而对银行抢劫人们适用另一套法则。"2009 年 2 月 5 日，该议案一经提出，旋即得到参、众两院众多议员的支持而获通过。2009 年 5 月 20 日，总统奥巴马签署文件使之正式生效。对于占位者来说，这是他取得的一大成就，这也促使他渴望取得更多的成就。

Kaufman 和 Connaughton 都认为华尔街必须重新接受管制。在 Kaufman 看来，华尔街在布什当政时期已经成为像道奇城一样的非法区域，布什政府认为过分热心的监管者和过于严厉的监管妨碍了增长、创新和盈利。Kaufman 严厉批评了来自加利福尼亚的前国会议员 Christopher Cox，他是共和党人，曾被总统布什任命为 SEC 的主席。据 Kaufman 估计，Cox 不仅放手不管，而且还废除了大萧条之后实施的保护市场规则。

Kaufman 说，"他们做的所有事情都让我感到惊骇。例如，他们对待卖空的方式，卖空本身没有错误，我自己也在做。"但是，令他感到恐惧的是 Cox 废除了报升规则，该规则使得卖空股票比较困难，而报升规则的废除则使得市场下跌时股价进一步下降。

2007 年，Cox 及其委员会取消了大萧条时期的报升规则，他们认为报升规则自 2001 年起就已经失效了。当时在总统克林顿任命的 SEC 主席亚瑟·李维特的压力下，股市交易已经从八分之一（12.5 美分）和十六分之一（6.25 美分）转变为十进制（1 美分）。在十进制下，1 美分的上扬就意味着可以进行卖空交易。在 Cox 看来，报升规则已经过时了。逆交易所交易基金的创建者也认为报升规则妨碍了其从新的流行产品上获得利润，该产品是一种市场下降时其价值上升的工具。

报升规则一取消，交易者就开始从事"裸"卖空，即投机者抛出他们并未持有的股票。在卖空交易中的实际份额是从其他投资者那里借入的，然后卖空者买入平仓，归还股票，但是一些投资者在放宽规则。对于裸卖空，理论上很有可能卖出的股票比一个公司实际能偿还的还多。实际上，它就是印刷股票权证的许可证。

这样做是违法的，SEC 可以起诉他们。但是，Cox 强烈要求 SEC 重新审视法规，改变报升条件为 5 美分。他说程式交易员曾经使他错误地理解了规则作用，而有关报升规则的式运行则产生了欺诈性的后果：

"报升规则的废除是基于从事量化交易或拥有黑箱程式交易技术的投资者对 SEC 的大量游说，" Cox 说，"努力游说意味着报价规则妨碍了其交易平台的效率，他们陈述的一系列事件最终造成报升规则的废除。我认为 SEC 在几个方面被试运行的报升规则愚弄了……一些经济学家认为做空者短期'做得好'是为了实现长期目标。但是，除此之外，在方案试行期间，与现行政策决定联系更密切的还有市场条件，SEC 从未在市场熊市时尝试取消报升规则，该规则最初就源于市场熊市。"

然而，SEC 不是重新制定新观则，而是选择临时禁止对 799 个金融股票的卖空。国会成员希望阻止卖空者以避免弱势银行的股价下跌，弱势银行是联邦救助资金的受益人。2009 年 10 月，临时禁令到期，程式交易者再次从事裸卖空交易。事实上，临时禁令取消仅一天之后，市场就开始暴跌。

Connaughton 为 Kaufman 想出了一个主意，其呼吁进行华尔街改革，虽然他不是银行委员会的成员，但他说服 Kaufman 在接下来的两年里假装他是银行委员会成员。他们都很清楚政治进程，他们也都清楚如果 Kaufman 公开演讲，并不断重复特定金融主题，就会引起新闻媒体和国会的兴趣，而不管他实际的委员会职责是什么。

他们也感到需要刺激一下 SEC。因为他们怀疑监管者被俘虏了，其对大投资公司和基金太过顺从，不敢采取任何可能让华尔街风吹草动的独立行动。因此，参议员 Kaufman 就像幕后的 SEC 主席，他说服 SEC 和它的新主席 Mary Schapiro 对华尔街采取严厉措施。

Connaughton 说，"这就是我们做的。我们塑造 Kaufman '品牌'。虽然没有人感激，但他在任期内仍然每天代表普通投资者与华尔街较量。新闻媒体希望报道他，几个星期以来他不断演讲，不断接受采访，当然影响也在不断扩大。"[1]

1959 年，Connaughton 在亚拉巴马州的亨茨维尔出生，并在那里长大。在著名的足球教练 Bear Bryant 的黄金时代，Connaughton 进入亚拉巴马大学学习。由于异常聪明和对政治着迷，1978 年他参加了在费城宾夕法尼亚大学举办的全国学生代表大会。参议员拜登在学生集会上演讲，Connaughton 对这位年轻的律师印象非常深刻，邀请他去亚拉巴马大学演讲。拜登随后在多所大学出现，包括在全国学生代表大会上做主题演讲。会议结束时，Connaughton 驱车送拜登去机场并告诉他，"如果你竞选总统，我会支持你。"

1981 年，Connaughton 本科毕业，1983 年，他获得了芝加哥大学的工商管理硕士学位，然后在 Smith Barney 和 EF Hutton 的公共财政部工作。当 1987 年拜登竞选总统时，Connaughton 离开了 Hutton 加入了在华盛顿特区的竞选团队。在 Connaughton 上班的第一天，特区参谋就把这位新竞选工作人员安排在开往特拉华州威尔明顿的火车上，他需乘坐两小时的火车才能抵达北部，而且告诉他："你将为 Ted Kaufman 工作。"[2]

拜登竞选失败后，Connaughton 和他一起回到华盛顿特区，从 1987 年到 1991 年其在参议院司法委员会做助手。受法律专家的熏陶，

---

[1]　E-mail from Jeffrey Connaughton to the author, June 20, 2010.
[2]　E-mail from Connaughton August 24, 2010.

Connaughton 进入斯坦福大学法律学院学习，1994 年获得了法学博士学位。然后，他接受了美国上诉法院书记一职，与联邦上诉法院的首席法官 Ab Mikva 一起工作。担任书记一个月后，总统比尔·克林顿任命 Mikva 为白宫顾问。Mikva 把 Connaughton 作为特别助理顾问推荐给总统。Connaughton 在白宫工作了两年，然后开始独立创业。2000 年，他和另一个前白宫律师 Jack Quinn 以及为布什竞选工作的共和党律师 Ed Gillespie 合伙创办了 Quinn Gillespie & Associate，很快这家公司即成为华盛顿最具影响力的游说公司。公司赚得盆满钵溢。后来，他们三人把公司卖给了广告和营销巨头 WPP 集团，赚了一大笔。Connaughton 把这笔钱投资在金融上。摆脱了激烈的竞争之后，他转向了公共服务事业。他一直希望拜登成为总统。现在拜登已是副总统了，Connaughton 很愿意与拜登一起在白宫工作，但是，总统奥巴马禁止前两年曾是说客的人在白宫工作。因此，Connaughton 决定做 Kaufman 的助手，而不是服务于拜登。

"滥用卖空交易等同于欺骗、操纵市场，现在必须停止！" 3 月 16 日晚上，Kaufman 在参议院演讲时慷慨陈词。他具有能够激起公愤的洪亮声音和亲和力，他强烈要求 SEC 恢复报升规则。像 Kaufman 这样的批评家认为是裸卖空导致了 2007 年和 2008 年 Bear Stearns 和 Lehman Brothers 等主要金融公司的股价直线下降，而且看跌的投资者加速了公司股价的进一步下降，破坏了经济。

Kaufman 切中了要害。2009 年 6 月，他要求奥巴马的 SEC 主席夏皮罗取缔裸卖空。2007 年元月，有 5.5 亿股股票未能交付；2008 年元月，有 11 亿股股票不能交付；而 2008 年 7 月，有 20 多亿股的股票不能交付。这就意味着卖空者从未拥有过自己的股票。"这些不能交付的股票稀释了股票价格，使得股票价值比实际应有的水平低很多，" Kaufman 断言。[①] 他保持着进攻态势。于是，Kaufman 遭到华尔街强有力的反击，这种反击出自他过去从不知道的一些人：高频交易者。

Kaufman 说："我们很好奇为什么他们关心这么多。"[②] 这些高频交易者引起了他的兴趣。

---

① Senator Ted Kaufman floor speech, June 24, 2009.
② Author interview with Senator Ted Kaufman, September 8, 2010.

那时，爆出了关于 Aleynikov 的新闻。Aleynikov 是前高盛交易者，参议员 Schumer 断言他是闪电交易者。Kaufman 把这些事情联系起来，决定置身于这场神秘、朦胧的高频交易中。他认为市场的这一部分是狂热的、不受监管的，所以他决心促使监管者"照亮这片荒原"。这是一个保护公众免受再一次金融崩溃影响的机会。在信用违约市场由于缺乏透明和监管造成了经济崩溃，导致 AIG、贝尔斯登和雷曼兄弟破产。华尔街承担了一夜暴富的巨大而愚蠢的风险。Kaufman 感到一夜暴富、宽松监管、高风险在市场的 HFT 角落不断上演着。

SEC 也警告过 Kaufman，该机构似乎对股票市场存在着难得的机会而感到洋洋自得。但 Kaufman 发现，SEC 实际上既没有高频交易的任何数据，对它似乎也未感到惊奇。然而，根据可靠的估计，高频交易公司所进行的交易占所有证券交易的 50% 到 70%，它们的交易机器已经遍布整个市场。

Kaufman 把这种情势和没有裁判的足球比赛进行了比较，他提出："在混乱中，糟糕的事情就会发生。"①

关于闪电交易的争论是他的"钓钩"。他能够"爬上树桩"，"挥舞手臂"，让人们因闪电交易而群情激动。闪电交易的行为明显是不公平的，因为一些交易者能够在其他交易者之前看到客户单子。它创造了一个双重市场，这是不民主的。闪电交易作为一个热点话题，势必会引起记者的极大兴趣。

Kaufman 咆哮着说："如果人们开始相信一旦他们进入美国市场，就会有高频交易者抢先交易，他们就再也不会进入我们的市场。"他又补充说道，这将对国家未来的发展造成严重的后果。②

无论是私底下还是在公开场合，Kaufman 尽量找机会向夏皮罗施压，要求其对高频交易采取措施。他认为需要推一下夏皮罗，否则，她很可能会把这个问题放到次要位置，因为她有很多事情要做。夏皮罗的 SEC 正把主要精力集中在国会上，在那儿，众议院金融服务委员会主席——马萨诸塞州民主党议员 Barney Frank，和参议院银行业委员会主席——康涅狄格州民主党参议员 Chris Dodd，正在起草法律以改革金融业，以使信用市

---

① Jim McTague, "DC Current," *Barron's Magazine*, January 25, 2010.
② 同上.

场崩溃不再发生。夏皮罗花费了大量的时间紧盯着两位委员会主席，以保护 SEC 的利益。她最担心的是他们会精简机构，把 SEC 的一些权力转交给美联储。最终，SEC 保留了它的机构，历史性的立法最终以 SEC 负担了 80 个新增事务而宣告结束，这些新事务涉及研究和采用新法则，大部分内容要在两年的期限内完成。

同时，夏皮罗在积极振兴机构，使它更具进取性。委员会没有揭露 Bernie Madoff 的庞氏骗局，因为"患梦游症"的官僚忽视了 1992 年到 2008 年之间的诸多抱怨。虽然 SEC 曾经对 Madoff 公司进行过两次应付性的调查和一些粗略的检查，但是，根据委员会检察长的报告，"其从未执行过一次彻底有力的调查或者检查"。这个小插曲让人感到泄气。夏皮罗正设法找回委员会最初成立时的激情和精神。她雇佣新人，包括有交易背景的华尔街人，以及其他具有直接市场经验者。Kaufman 说，这就好像自己在同一场大火作斗争。他走过去说，"看，大楼的另一端又出现了火光。"

夏皮罗是华盛顿特区经验丰富的政治家，她有着很好的政治嗅觉。Schumer，NYSE 的支持者，曾在 7 月的一封公开信中强烈要求夏皮罗禁止闪电交易。Kaufman 也举起民众的大旗支持她。随着华尔街改革法案的制定，SEC 也需要国会所有朋友的支持。两位参议员代表着这股强大的力量。夏皮罗说服其他委员提出闪电交易禁令。

Schumer 可能得到了安抚，而 Kaufman 却没有。在 2009 年 8 月 4 日发表的声明中，Kaufman 把话挑明了。他直截了当地说："我很高兴，SEC 主席夏皮罗说委员会会尽快禁止闪电交易，但这件事情还没有结束。随着时间的流逝，我们逐渐意识到裸卖空只是股票交易方式系列问题的一部分，裸卖空造成了有实力的内部人员拥有不公平的优势。""我们似乎每天都能学到某种类型的指令：快速交易、交易所配置服务器、暗池。还有其他迹象表明我们有双重市场，即一个是为有高速计算机的特权内部者设置的市场，另一个是为必须遵循规则的普通投资者设置的市场。我们需要 SEC 赶紧行动起来以恢复对投资者的保护，从而强化美国金融市场的信用和公正。"简而言之，Kaufman 希望夏皮罗与高频交易者正面较量。

正如所预期的那样，Kaufman 的华尔街改革运动吸引了一大批记者跟踪报告。2009 年 9 月，他使用天字第一号讲坛发表演讲敦促 SEC 对"包括高频交易在内的一个大范围市场结构问题进行综合、独立、零基监管的审视"。SEC 曾期望 Kaufman 和其他幕后人员已经开始审视市场，查验当前的规则是否已经落后了。Kaufman 的施压迫使 SEC"睁开双眼"。它现在意识到自 2007 年以来的短短几年里，实施了 NMS 法则后，虽加强了电子化在证券交易中的作用，但是技术或许已经失控了。夏皮罗告诉 Kaufman，SEC 准备在元月进行一个"概念发表"，要求公众评论一下监管修正的优劣。

作为对新闻报道的反应，Kaufman 在给夏皮罗的信中写道，"至少有两个问题必须提出来，这是市场监管者要回答的问题。首先，那些不透明的、复杂的、日益精密的交易机制是有益于散户的，可以帮助他们尽可能以最低价买进，最高价抛出，且交易成本最低，还是把散户作为二流投资者，受到有实力的交易公司的排挤？后者可利用的优势虽然小，但是在统计和金融上却很显著。其次，这些高技术交易及其膨胀的交易量会造成系统风险吗？仅举一个例子，每天有着如此巨大的交易量，有人检查过这些交易者在提交资金时使用的杠杆吗？我们真的想知道所有这些变化对于资本市场稳定性的累积作用是什么？"

当 SEC 在 2010 年 1 月进行它的概念发表时，其特别提出了 Kaufman 的问题。概念发表也反映了证交会关心 Arnuk 和 Saluzzi 的断言。

对 SEC 和夏皮罗几个月前决定成立的风险、战略和金融创新（Division of Risk，Strategy，and Financial Innovation，RSFI）部门来说，这样相对较快的反应是不同寻常的。夏皮罗的 RSFI 部门主要是由有着华尔街实战经历的经济学家和 MBA 人士组成的，还有学术研究人员，如得克萨斯州州立大学的 Henry Hu，他的研究集中在市场风险上。这是大萧条后 SEC 成立的首个新部门，其为 SEC 注入了新的活力。因此，Kaufman 的影响是卓有成效的。SEC 打算让高频交易见光，然而 Kaufman 仍然不满意。SEC 倾向于平缓行动，以便行动前所有市场参与者能达成共识。它进行的概念发表历经了 3 年之久，其最终可能会成为避免伤害感情的折中产物，即实质上其没有解决高频交易产生的问题。

或许夏皮罗仅仅只是迎合了 Kaufman，知道他在 2010 年年底参议员的任期就结束了。Kaufman 对此感到很惊奇。无论如何，Kaufman 都觉得 SEC 不可能等这么长时间解决问题。

Kaufman 有充足的理由担心。监管者就像溺爱孩子的父母，常常因为费用问题而中止监管。在过去的几年里，SEC 受到了华尔街强大利益集团的过度影响。这种现象已经持续很多年了，并不是仅仅出现在 Christopher Cox 的任期内。经济学家 John Kenneth Galbraith 早在 50 多年前就描述了规制俘房的动力学原理："监管当局，就像一个有前途的人，有显著的生命周期。在青年时代，他们精力充沛，有进取心，会传播福音，甚至会有些偏狭。但当他们成熟后，年老后——大约 10 到 15 年后，除一些例外之外，他们会变成所监管行业的'一只臂膀'，或者他们已衰老得不能再做事了。"①

2009 年 10 月底或 11 月初，Kaufman 和夏皮罗在 Kaufman 的办公室见面了。Kaufman 怀疑她真的对高频交易抱有类似的忧虑。他看着她说："我不认为你会做任何事情。"

她回答道："你等着瞧。"

---

① John Kenneth Galbraith, *The Great Crash of* 1929 (New York: Houghton Mifflin Harcourt, 2009), 166.

第 5 章

闪电崩盘

　　夏皮罗主席和参议员 Kaufman 会面后 6 个月，她就遭遇了历史上最大的股市崩盘。2010 年 5 月 6 日，周四下午 2：30，一个数额巨大的异常交易触发了闪电崩盘，它就像十级地震一样震撼了华尔街，将小投资者对证券市场结构的公正性、公平性的微弱信仰击得粉碎。闪电崩盘也震撼了监管者。他们担心高频交易，担心市场如 Kaufman、Arnuk 和 Saluzzi 这些怀疑论者描述的那样会迅速崩溃。现在这种闪电般的市场运动——历史上最快、幅度最大的日上升下降运动，实际上是 2005 年 SEC 创造的分散化的、计算机主导的股票市场体系所导致的某种严重错误。令人震惊的是，几分钟内，股票和期货市场的市值下降了 5%，DJIA 在大约 10 分钟内下滑到 998 点，股票市值蒸发了 1 万亿美元。① 许多投资者认为是养老天堂的蓝筹股瞬间被秒杀，使股价 120 秒内下降了大约 35% 或者更多。与共同基金有类似特征的，卖给审慎投资者的交易所交易基金的价格也迅速降低。经纪公司和对冲基金交易大厅的工作人员高度紧张，因为投资者蜂拥而出，但是没有人确知这是为什么。到底是宏大的计算机错误导致了疯狂地卖出，就像 Arnuk 和 Saluzzi 警告过的一样，还是来自于欧洲的坏消息，

---

① Report of the Staffs of the CFTC and SEC to the Joint Advisory Committee on Emerging Regularors Issues, "Preliminary Findings Regarding the Market Events of May 6, 2010." Washington, DC (2010): 2.

或者是墨西哥湾的信息已为人所知导致的?

仅仅陷入危机 10 分钟,市场就突然反转。DJIA 在 1.5 分钟内得到恢复,就像仁慈的魔法师步入华尔街,挥动他那神奇的魔棒,把市场恢复到它原本的状态一样。两头吃亏的投资者像是喝醉了酒骑在旋转木马上,只剩下眼花缭乱。一些人失去了全部财产,而另一些,主要是程式交易者,由于他们的计算机能提供必要的资金应对这一暂时情况,从而其大获全胜。

显然,那个诡异下午最大的弊端是普通投资者失去了对市场公正性的信心。那些所谓的小家伙,即市场骨干们开始把资金从股票中撤出,就像他们在 2007 年和 2008 年所做的那样。有着这种行为对于经济来说是一个潜在的麻烦信号。如果散户处于观望状态,公司就会发现筹集新股本需要更高的成本,而股票筹资通常比债券筹资更具吸引力,成本更低。普通投资者抛弃市场的类似事情以前也发生过,造成的经济后果非常严重。20世纪 60 年代繁荣的股市最终以 129 家白鞋公司的破产而宣告结束,之后在 1970 年和 1971 年个人投资者逃离了市场。① 一些破产公司通过抵押客户证券进行贷款担保,触犯了法律,混合基金面临着大约 40 000 小投资者即将蒸发的窘境。② 1973 年,国会再次让小投资者成为牺牲品,因为财政部给新的类似于联邦存款保险公司的联邦特许保险基金最高限额 10 亿美元的贷款,并且将资金从幸存下来的企业那挤到这一新的实体中,国会称该基金为证券行业保护公司,即 SIPC。即便如此,直到 1983 年小投资者才返回股票市场。在此期间,经济与股市都缺乏活力。1970 年 1 月 1日投资到 S&P 500 上的 1 美元,到 1979 年 12 月 31 日的收益仅为 86 美分。

闪电崩盘对心理造成伤害使人们感到惊恐的程度,到 2010 年 6 月 30日,共同基金报告该年度前 6 个月的资金流向数据时已经非常明显。根据美国投资公司协会的数据,2007 年和 2008 年离开市场的投资者在 2010年元月 1 日到 4 月间共向股票基金注入了 400 亿美元,2009 年的数据是50 亿美元,2010 年 5 月闪电崩盘后,他们从股票基金中迅速撤出 250 亿

---

① David A. Loehwing, "Rx for Wall Street," *Barron's Magazine*, September 4, 1972.
② John Brooks, *The Go-Go Years* (New York: Allworth Press, 1998), 315-342.

美元。[①]

市场自由下降应该是几乎不可能的。1988 年，证券监管者就提出了保护措施，即所谓的"断路器"，以预防发生像 1987 年黑色星期一那样疯狂的波动。当时，由于自动交易程序触发了大量卖出，几小时内市场就崩溃了。上述措施类似于深海石油钻井平台的井喷保护。但是，1989 年市场突然下降时，"断路器"并没有很好地发挥作用，因此，SEC 于 20 世纪 90 年代早期推出了新的改进版"断路器"。如果下午 2 点前下降 10%，就停止交易 60 分钟；若下午 2：00 至 2：30 之间下降 10%，则停止交易 30 分钟；若 2：30 之后下降 20%，则停止交易，此种情况下，市场闭市。

显然，到 2010 年，"断路器"系统已经过时了，特别是市场结构已经变了，闪电般快速的计算机已经取代了人工交易者。鳞次栉比的超级计算机取代了一度聚在一起代表客户进行交易的人们。计算机的速度之快及复杂精细远远超出 1990 年人们对其的任何想象。小的交易在 2005 年需要 10.1 秒的时间执行，在 2009 年则只需 0.07 秒。根据 CFTC 委员 Scott O'Malia 的报告，在 2010 年某些交易能在 0.002 秒内执行，比人眼眨一次快150 倍。[②]

伴随着速度的加快，NYSE 的交易量增长了 79%。[③] 日平均交易量为59 亿股，2005 年是 21 亿股。日均交易额从 2005 年的 290 万增加到 2 210万，同时，平均交易规模缩减，由 724 股减少到 268 股。

尽管非常审慎，但是在 2010 年 1 月初 SEC 就开始讨论过时的制动系统升级的可能性。2007 年到 2008 年发生信贷紧缩后，市场的有序下降并未引起监管者的注意。[④] 制动系统经受住了现实世界的压力测试。监管者认为关于"断路器"的讨论是在阐述一个潜在的问题，而不是一个迫在眉睫的危机。

---

① Tomoeh Murakami Tse, "Quarterly Investment Outlook: Economists Wary After Socks' Recent Slide," *The Washington Post* (July 11, 2010).

② From the opening statement by O'Malia at the May 14, 2010 meeting of the CFTC Advisory Committee on Technology, which he chaired.

③ Securities and Exchanges Commission, "Concept Relaese on Equity Market Structure," *Federal Register 75*, no. 13 (January 2010): 3594–3614.

④ Regulators in September 2008 temporarily curtailed short selling in 799 financial stocks when bankers and policitians charged that the short sellers were manipulating investor fears to drive down the value of their shares.

Kaufman 和其他人表达了他们的紧迫感。这对于警惕的辛勤工作的 SEC 工作人员来说是一个浪费，因为其已意识到自身行动的无意识结果会扰乱经济。

SEC 的职员很清楚他们不能持有立场。由于注意到短期投资者和长期投资者的利益是一致的，因此使高频交易"折翼"或许会无意间伤害到散户和机构投资者。例如，短期投资者偏好波动，因为波动创造了更多的投资机会；而波动则令长期投资者感到厌恶。然而，SEC 注意到高频交易公司采取的策略总体上来说是抑制波动的。该推理的问题是 SEC 并不真正了解这些秘密的策略。SEC 关于波动性的讨论似乎是鹦鹉学舌，和高频交易机构的辩护行为一样。

认识到存在数据差异，SEC 已在衡量是否应要求交易者和机构透露更多关于股票交易的信息以便监管者能够进行审计跟踪，考量市场是否被操纵，或者有无其他的违法行为发生。据估计需要几十亿的成本来运行。然而，最关键的是缺少跟踪机制，SEC 作为市场的主要监管者，将永远在黑暗中"飞行"。

5 月 6 日，周四，交易开始于负面消息，这并非不同寻常，本周已有两天熊市，投资者在前一周已经显著神经质。据美联社报道，DJIA 在前七个交易时段中有六个波动超出了 100 点，5 月 4 日、5 日两天道琼斯指数下降了 284 点。5 月 6 日开市时，主要股票指数在周三收盘价基础上下降了 4%。

如果投资者是进行长期投资坐等收益，他们就有充分的理由极度紧张。学者警告希腊暴乱可能会影响欧洲经济，使美国经济复苏无力，引起又一轮股市价值的下降，如同 2007 年的股市价值下降一样。正当投资组合复苏的时候，欧洲旋风或许会再次将其拖拽下来。投资者如同站在刀尖上：他们应该坐等危机结束还是见利抛售然后离开？

雅典暴乱虽然规模较大但还是良性的，仅有一些示威者向警察扔砖头和瓶子。然而 5 月 5 日，抗议演变成致命冲突，50 000 到 100 000 名抗议者走上街头，一些愤怒的抗议者就像 19 世纪的无政府主义者，他们向银行的玻璃窗投掷燃烧弹，烧死了三个职员，包括一名孕妇。造成流血的原因究竟是什么？暴乱者反对国会为偿还卖给欧洲银行的债券而提出的严峻政策。人口不到 1 100 万的希腊是福利最好的国家，公务员养尊处优。他们的退休年龄是 61 岁，而大多数男人的寿命为 80 岁，这里流行避税。政府通过发行债券向财政借贷，支持虚假的收入状况。结果，希腊政府面临严重的赤字。民主发祥地的愤怒的大众揭竿而起，相互残杀，因为他们希望保护难以为继的生活方式——持续获得"不义之财"。

希腊政府债务达到 3 000 亿欧元，是国内生产总值的 113.2%，美国政府的债务与 GDP 的比率是 69.1%，而这已经是一个不同寻常的很高的数值了。希腊政府必须在 5 月 19 日最后期限前履行义务，其领导层怀疑如果没有来自欧盟的巨大帮助它能否解决债务问题。但是其他国家不愿意实施救助，朴素的德国工人感到特别愤怒，他们问为什么用他们缴纳的税款援助生活奢靡的败家子。

股票市场下跌，欧元对美元跌到新低，意味着不利于美国出口，因为与生产类似商品的德国、英国和法国相比，其商品更昂贵。

希腊国会恪尽职守，推行高税收，削减公务员薪水，到 2015 年将所有公民的退休年龄从 61 岁延长到 63 岁。但是，希腊民众不愿咬紧牙关度日。全球市场依然非常担心希腊政客会屈服，发生债务违约，使持有数十亿希腊债券的欧洲银行的资本受到侵蚀。这继而会使借贷者不愿意增加信用，不愿意给其他处于"风雨飘摇"中的欧洲债务人增加贷款额度，如西班牙、葡萄牙、意大利、爱尔兰等，从而使这些国家也陷入金融混乱中。

闪电崩盘前夕还存在着其他的不确定性。另外一个有着严重债务问题的大陆国家大不列颠也令人感到不安。选民选举保守党的戴维·卡梅伦替代工党的戈登·布朗成为首相，但是戴维·卡梅伦政党并未获得绝对多数的选票，选民对他承诺的使国家经济发展回到健康轨道持怀疑态度。

更要紧的是，据估计在墨西哥湾从严重损坏的深水平台钻井装备中漏出的原油正不断向周围扩散。因此，巨大的损害将影响到路易斯安那州、阿拉巴马州、密西西比州和佛罗里达州的经济形势。

5 月 5 日，星期三，英国石油公司官员到国会山递交给白宫和参议院议员关于墨西哥湾原油泄漏的私人简报。英国石油公司总裁透露油井每天喷发的原油大约是 40 000 桶，是美国官方估计量的 8 倍，这令国会议员暴怒。星期四上午，一些人要求全面禁止近海钻探，他们的意见进一步加剧了市场混乱，因为任何诸如此类的停工都会带来失业及原油价格的迅速飙升。

新闻评论广播员操着陈词滥调，称这一连串的坏消息为"A Perfect Storm"，其参照的是 Sebastian Junger 的书，该书描绘了 1991 年一艘新英格兰渔船在大西洋上遭遇了东北风暴，船被掀翻的故事。强风暴是异常气象产生的后果，现在关键的是"投资气候"高度不稳定。

世界金融市场都表现出了不确定性。美国证券和期货市场在 5 月 6 日上午和下午的早些时候阴霾笼罩。标准普尔波动性指数上升了 31.7%，是该指数创立以来的第四个单日增长最高点。同时，黄金价格上升，国债收益率下降，预示着投资者正在进行一个安全的投资转移。[1] 在信用违约掉期产品市场购买希腊债券为回避可能发生的崩溃所需的成本正变得日益高昂，大的投资机构正在哄抬这种保险成本。价格上升与欧洲中央银行上午 8：30 的官方记者招待会同步，记者招待会上没有提到购买希腊债券以支持希腊的可能性，这正是投资者希望听到的。[2]

美国股市从上午 9：30 开市到下午 2：00，DJIA 已经下降了 161 点，到达 10 712 点，下跌了 1.5%，S&P 下降 33 点，到达 1 145 点，下降了 2.9%。显然，对于长期权益投资者来说，这是不幸的一天。

SEC 和 CFTC 的市场监察认为最初的市场抛售是值得注意的，但是还没有超出常规。[3] 传闻大多数卖出者是市场的零售部分，即其主要是个体投资者。[4] Michael Goldstein，距离波士顿西部大约 14 英里的马萨诸塞州威尔斯利巴布森学院的金融学教授，把投资者刻画成"如果某些举动对他们不利，他们就会快速逃离市场，否则，就会迅速回到市场，因为他们担心错过每一个市场机会。"[5] 简而言之，他们受到一直存在的"魔鬼"——贪婪和害怕的纠缠。

大约下午 2：00，一些对冲基金和基金经理感到还会有大的下跌，于

---

① CFTC and SEC, "Prelimanary Findings," 11.
② 同上，13–14。
③ 同上，2.
④ Author interview with representatives of the NYSE and NASDAQ OMX.
⑤ Jim McTague, "Volatility Villians：You, Me, and the Flash Traders," *Barron's*（online and Print）, June 5, 2010.

是开始在商品交易所卖出 S&P 500 的 E-Mini 期货合约来锁定他们的收益。基金经理和交易者在同一时刻卖出如此多合约以至于 27 秒内合约价格从 1 113 美元下跌到 1 056 美元。专业人士称这种效果为"相关"，当投资者都同步移动时，价格就会发生剧烈波动。

S&P 500 E-Mini 是世界上最流行的期货合约，因为它是投资者最能负担得起的期货产品之一。投资者同意在特定日期买卖 S&P 500 指数的现金价值。E-Mini 合约价值是 S&P 500 指数的 50 倍。5 月 6 日，S&P 500 指数是 1 100 时，一单位 E-Mini 的合约价值是 55 000 美元，而大指数期货的合约价值是 S&P 500 的 250 倍。美国商品交易所提供全部的 E-Mini 产品，允许投资者用外币、贵金属、农产品和证券以相对于传统期货较低廉的价格进行交易。

这天最大的一个沽出期货合约是，值得尊敬的位于美国堪萨斯州欧弗兰帕克的 Waddell & Reed Financial 公司，它在 1937 年大萧条复苏时开始进入证券业。该公司决定通过沽出 75 000 份 E-Mini 期货保值一个 70 亿美元的股票头寸。[①] 公司运用现成的算法以一定的速度让期货合约流入市场，以便保持 E-Mini 市场的总交易量为 9%。这笔套期保值金额巨大，价值 41 亿美元。[②] Waddell & Reed Financial 公司在今年早些时候做过类似的交易，对市场没有特大影响。但是今天不同寻常，如果高频交易者发现市场有巨大的单子，其用他们高级的算法也许能抢先交易，在 Waddell & Reed Financial 公司之前卖出，从而对后者落井下石。

Waddell & Reed Financial 公司可能不知道那天 E-Mini 的买方流动性已经下降了 55%，在下午早些时候从 60 亿美元降到 26.5 亿美元，购买者开始观望。交易量似乎比应该有的大一些，这是因为高频交易公司用 15 000 个账户在来回买卖 E-Mini 合约，每秒交易数千次以产生折扣。实质上，这种往复游戏创造了 Arnuk 和 Saluzzi 在白皮书中警告过的情况——流动性很好的表象，而事实却是如履薄冰。当市场下降的时候，Waddell & Reed Financial 公司仅仅沽出一半合约——35 000 份，但是还有

[①] Tom Lauricella and Scott Patterson, "Legacy of the Flash Crash: Enduring Worries of a Repeat," *The Wall Street Journal*, August 6, 2010.

[②] CFTC and SEC, "Preliminary Findings," 3.

其他大量的沽出者。他们总共计划沽出 80 000 份合约，但是同一时期的买入者只有 50 000 份合约。买卖之间的巨大不均衡使得期货价格迅速下降，诱发了 CME 的停止逻辑函数，使 E-Mini 期货暂停交易 5 秒钟。

交易暂停是一个重要的市场事件。商品市场发生了闪电崩盘，就像十年前的情景一样，它所做的反应是通过创造熔断机制允许计算机交易者暂停交易以估计情况后再进行行动。在程序交易主导的世界中，5 秒钟是一个相当长的时间停顿。买入者有时间意识到 E-Mini 进行大量抛售根本没有原因，至少现在还没有来自欧洲或其他别的地方的令人吃惊的坏消息。当投资者意识到是担心而不是基本面左右了市场，当前 E-Mini 合约超卖，价格低廉时，他们就会迅速回到市场开始买进，于是 E-Mini 价格开始恢复。交易所交易基金（ETS）的价格也是如此，也曾一度因投资者的过分焦虑而走低。CME 的崩溃暂时中止了。然而，那天并不能挽救什么，完全没有预料到的事情发生了。来自商品市场的恐慌迅速蔓延，证券交易市场就像被风吹散的滚烫火山灰迅速掠过一样，人们开始大规模的恐慌抛售。

这怎么可能？商品市场的事件怎么会影响完全不同的证券市场呢？它们是明显不同的交易场所。每个交易场所有自己的交易规则和监管者，有不同的投资产品。答案是由于高频交易者和他们的超级计算机的活动，两个市场实质上已经成为一体。高频交易公司设计了寻找两个市场之间价差即套利机会的交易机制，并在两个市场同时交易。例如，由于盈利消息，组成 S&P 500 的一个或多个股票在证券市场的价格有时会上升或下降，期货指数相对滞后数毫秒才调整价格以反映股票成分的价值变化，高频交易的闪电机制可能会使高频交易者买入股票，卖出期货，赌它们的价格趋于一致，然而通常几秒后价格就真的趋于一致了。这样高频交易公司就在两个交易中赚钱，一个是证券市场，一个是商品市场。通常每股仅赚取几分钱，但是市场上每天都有数百万这样可以被最快的计算机利用的套利机会。

5 月 6 日，CME 的 E-Mini 期货先于证券交易所的单个股票开始下跌。CME 执行了 5 秒钟的暂停之后，先前卖出 E-Mini 合约或者是远离市场的高频交易者以买者的身份回到市场，因为他们的算法预测价格将会反弹。

但是在股票市场的计算机检测到 S&P 500 中的标的股票由于抛售将会价格下跌时，高频交易者开始卖出标的股票。结果，大约下午 2：40，股票交易所的抛售量开始像滚雪球般扩大（见表 5.1）。向下的势头强劲，超乎计算机的预测，一个做市商的模型预测 DJIA 应该在低于 5 000 点的价位收盘。[1] 一旦遇到未预期的交易模式，许多算法可以清算全部头寸，终止交易。这正是许多机器当时开始做的，紧缩市场流动性。由于抛售量不同寻常的高，而交易者缺乏，结果导致交易所不能处理全部的单子。信息通讯量太大使得一些交易所不能够确认是否收到买卖单子，更不用说为激增的卖者找到买者了。

表 5.1　主要指数变动汇总：低于先前 5 月 5 日收盘价的幅度（4：00PM）

	S&P 500 指数	S&P 500 ETF	DJIA 指数	E-Mini 期货
2：00	−1.78%	−1.81%	−1.51%	−1.78%
2：40	−4.35%	−4.45%	−3.91%	−4.43%
2：45—2：47	−8.58%	−10.12%	−9.16%	−9.18%
3：00	−4.90%	−5.05%	−5.00%	−5.12%
4：00	−3.30%	−3.37%	−3.26%	−3.48%

资料来源：SEC

"从交易所返回的数据是垃圾，"一位交易者说。在某些情况下，关于交易量和交易价格的信息在 20 秒内有效。现在交易者不是在冒险，而是在错误的市场数据上进行错误的交易，交易者最好关闭他们的计算机。[2]

产生问题的部分原因是 NYSE 正在升级它的股票交易报价系统，工作只能由剩下一半的系统来完成。因此，当沽出的"洪水"汹涌而来时，整个证券买卖汇总记录带变慢了，还没有来得及升级的股票数据变得更加滞后。

也有一些非常重要的间接证据表明，一些高频交易者故意抛售股票以减慢证券买卖汇总记录带的滚动速度。这些高频交易者混迹于那些拥有并

---

[1]　Prepared Statement of Noel Archard, managing director of product research and development iShares U. S. A. before the CFTC-SEC Joint Advisory Committee on Emerging Regulatory Issues, August 11, 2010.

[2]　Author interview with a trader.

置服务器、能事先看到真实价格数据的交易者中。① 2005 年，SEC 废除了证券交易法中禁止市场数据独立分配的条款，它相信获取直接提供的数据和获取证券买卖汇总记录带的数据之间的时间间隔仅为几毫秒。

实际上在一个正常的日子，时间延误可能是几秒的事情，然而在 5 月 6 日，时间差异给了高频交易公司 35 秒的时间优势。后来，监管者打了折扣的事实暗示：当散户开始恐慌的时候，高频交易公司的多数投资者卖出敞口头寸，而证券买卖汇总记录带的延迟使得他们能抢先停止交易。在 5 月 6 日之前，这些高频交易公司为了使人们不再对其运作进行攻击，曾鼓吹它们为市场增加了流动性，缩小了买卖价差，降低了波动率。

但是这天，高频交易公司的行为适得其反。当它们抽身而退的时候，以公平价格快速将证券转换为货币的流动性不复存在了，买卖价差扩大了，波动性大幅上扬（见图 5.1）。市场中仅剩下惊慌失措的散户，他们试图保有前一年实现的收益，希望经纪人卖出证券，但这是一个错误。像高频交易公司一样，经纪人也表现出了他们的本色，他们并不是客户的朋友。市场在下跌，每一个参与者都在为自己着想。经纪人停止了客户单子的自动交割，即证券内部化，在大多数日子里，几乎 100% 的散户交易都是通过证券内部化完成的。

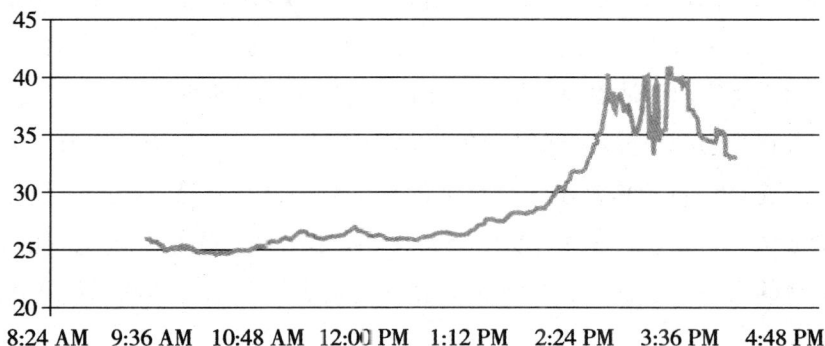

图 5.1 CBOE SPX 波动率指数（VIX）

资料来源：SEC and Bloomberg

证券内部化的时候，经纪公司试图在内部匹配客户之间的单子。经纪人通过提供比全国市场价格略微改善的价格而使交易更富吸引力，通常是

① Jim McTague, "Was the Flash Crash Rigged?" *Barron's Magazine*. August 30, 2010.

每股改善 0.01 美分，这符合 SEC 规则允许的内部化，即只要客户接受的价格等于或好于最佳出价和买卖汇总记录带上显示的最佳报价。如果经纪公司不能执行交易，它会将单子传给执行经纪人，后者将会得到一个合法的订单流佣金。大的经纪公司有 Knight Capital、Citadel 和 UBS。执行经纪人一般情况下都是客户单子的交易方，由于散户倾向于高买低卖，这使得通过价差赚取他们的钱就会很容易。

设想一只股票最高出价 15.55 美元，最低要价 15.85 美元。没有信息的散户将发出市场指令，以 15.85 美元的价格买入或者以接近要价的 15.83 美元的价格买入，他以为自己节约了开支。然而，有信息的交易者不会支付完全价差，他将以接近出价的 15.55 美元的价格买入。①

只有在很少的情况下，当执行经纪人不愿意成为散户的交易方时，单子才会进入暗池，且一般都是公司的暗池（暗池是电子交易场所，一般机构投资者在此交易，而不在公开交易所交易）。如果暗池也不能执行交易，单子就会被送到股票交易所。这些大量的自动处理过程所需时间不到一秒钟。

5 月，市场大幅下跌的时候，内部化减少了客户抛卖单子的执行，但是其会继续执行买入单子。换句话说，他们将股票卖给客户但是不愿意从客户手中购买股票，他们希望降低自己的库存，而不是累积更多的股票，所以他们将客户的沽出单子推给处于困苦中的证券交易所。②

散户受到的伤害是严重的。20 000 个交易，总额 550 万的股票以闪电崩盘之前 60% 的价格甚至偏离更多的价格水平进行交易，因此这些交易后来被认定为无效。这些交易中至少有一半是散户的单子。当然，他们声称大量的交易不是以低于 60% 的价格进行的，而是以更高的价格在进行交易。

下午 2：30 到 2：40 之间，价格加速跳水。每个主要市场指数都在 10 分钟内下降了 5% 甚至更多。③ 抛卖的人数超过购买的人数，因为越来

① Author interview with Dennis Dick, CFA, Bright Trading LLC, Las Vegas, NV, October 13, 2010.
② Report of the Staffs of the CFTC and SEC to the Joint Advisory Committee on Emerging Regulatory Issues, "Findings Regarding the Market Events of May 6, 2010," 58.
③ CFTC and SEC, "Preliminry Findings," 18.

越多的购买者在退出。这是一个很重要的发展，因为现在高频交易公司已经取代了老式的人工做市商和交易大厅的"专家"，当没有交易方时，这些做市商和"专家"有法定义务买卖特定股票。

专家有经济动力进行交易，因为他们能得到丰厚的价差。高频交易者却没有义务做市，如果冒险他们将不会得到补偿。一些大玩家离开市场 5 到 15 分钟，而另一些仅仅离开了 30 秒。关键是股票价格的下降像雪崩一样，因为当时没有人想要股票。①

起初，下降速度的减缓是因为"止损"指令，其就像喷气式飞机上的弹射座椅按钮。如果飞机坠落，飞行员就会被弹射出来以保护其生命。一些投资者在当前价格下发出止损指令以锁定收益。比如说某投资者以 20 美元的价格买入现价是 30 美元的股票，如果他突然感到市场将是熊市，他就会发出止损指令：当价格下降到 28 美元时，其会卖出。市场价格是当时的最佳价格，如果投资者幸运，他正好在 28 美元止损；但是如果在 28 美元没有买者，就会降到下一个最高价，这取决于他在队列中的位置，这个价格可能是 27.50 美元，也可能更少。

后来监管者推理是止损指令诱发了一连串反应。当他们从来想象不到的某种东西把股票拉入可笑的低谷时，下降速度却减慢了，交易者似乎没有注意到他们的"存根"报价。

在 SEC 规则下，要求一些做市商和交易专家经常发布他们所交易的证券买卖双方给出的市场价格。遵从恼人的监管规则的一个省事的方法是发布一个出价、一个报价，以及到目前为止正常情况下的沽亏价。他们没有也从不进行该价位的实质性交易。一个买单的价格可能是一分钱，而一份卖单的价格则可能是 10 000 美元。

世界上大多数监管者，包括华尔街的主要监管者，在闪电崩盘前不知道存根报价。这个概念在市场上不存在。在 SEC 忙于制定规则"改善"市场的那些年，官僚主义者和一百多个华尔街顾问主要关心的是监管变化可能产生的新后果。他们不指望在"壁橱"中找到旧的东西，如存根报价和止损指令，不指望看到 SEC 的新规则是怎样影响他们的。

① Author interview with NASDAQ OMX Chief Economist Frank Hathaway on August 4, 2010.

5月6日，抛卖的情况如此严峻，购买者包括专家如此震惊，以至于在市场的某个地方，这些可笑的无存根报价竟成为沽出者能得到的最佳价格。

埃森哲，一个年收入220亿美元的跨国公司，它的66 277股股票价格在下午2：40到2：46之间从41.01美元下跌到1美分，然后又弹回，时间仅为6分钟。[①]

1美分也总比什么都没有好。按SEC的说法，大约200只股票的实际交易价格为0，包括Exelon、Boston Beer Company和CenterPoint Energy这些稳健的公司的股票。

ETFs下跌得尤其厉害，160只跌破了5月5日的收盘价。[②] ETFs，特别是那些类似S&P 500或一些大市场行为的ETFs，极受骑乘市场交易量的交易者欢迎，因为它们的交易不像共同基金，而是像股票一样可以在一天中买卖。ETFs的绩效与标的股票的特定组合相联系，其价值取决于标的股票的价值。

1993年，美国股票交易所率先推出基于S&P 500指数的ETFs，称之为Spiders（Amex：SPY）。[③] 崩盘时期，美国市场有985个ETF产品在销售，投资者有7 970亿美元投资在该类产品上。[④] 它们占全国交易总量的30%。机构投资者喜欢将它们作为折价对冲工具。他们能够用ETFs做多或做空整个部门。例如，一个投资者在商品市场拥有美元头寸，因为他打赌货币会增值；同时，他买入投资在金矿上的ETF来对冲可能的错误操作。当货币贬值时，一般来说贵金属投资是升值的；反之，亦反之。

散户认为ETFs是共同基金的富有吸引力的替代者，因为管理费用低，而且可交易类似股票。ETFs追踪主要的指数，其他的ETFs集中在特定的部门，如能源等。也有ETFs是随着市场的下降而上升的，这种称之为"空"ETFs，它提供了一种可以卖空的成本不高昂的手段。当然，部

---

① Prepared statement of Pamela J. Craig, chief financial officer, Accrnture, before the Joint CFTC-SEC Advisory Committee on Emerging Regulator Issues, August 11, 2010.
② 同上，73.
③ Letter From Michael J. Ryan, Jr., executive vice president and general counsel of the American Stock Exchange to Jonathan G. Katz, secretary, U. S. Securities and Exchange Commission, October 28, 2002.
④ Noel Archard, managing director, Blackrock, prepared remarks for the CFTC-SEC Advisory Committee on Emerging Regulatory Issues, August 11, 2010.

门赌注是有风险的。为了避免下跌风险，当市场下降的时候，散户将止损指令或限制指令作为摆脱困境的手段。[①] 实际上，如果市场开始下降，则大家都会挤到同一条救生船上。

5 月 6 日，组成 ETF 的单个股票下跌得如此迅速，以至于做市商不得不艰难地估计 ETFs 的价值。同时，市场的疯狂行为导致交易可能被取消，对此感到焦虑的专业交易者也背弃了这部分市场。[②] 流动性突然减少，引起 ETFs 下跌得更快，反过来又诱发了投资者的止损指令，一个紧接着一个。一旦触发，单子就变成了以可得到的最高价卖出的"市场单子"，而市场单子由于找不到买者，造成 ETF 的下行势头增强，就像看到多米诺骨牌逐个倒下一样（见图5.2）。

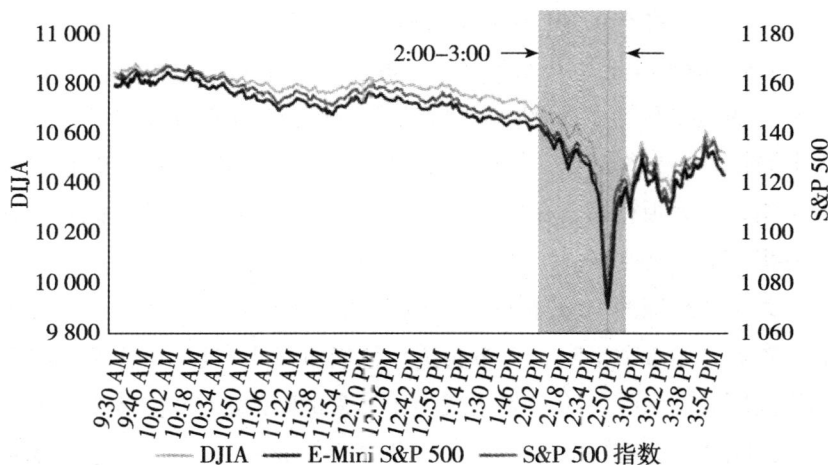

图 5.2　2010 年 5 月 6 日的证券市场

资料来源：SEC

大约 86% 的上市股票在下午 2：40 时价格下跌了不到 10%，无论如何它都是一场将投资者推向"窗外"的灾难。然而，其余 14% 的上市股票，包括一些大名鼎鼎的公司的股票，其价格下跌得更多，有一些的跌幅几乎达到 100%。

导致崩盘的另一个重要因素是：在证券市场，没有一个通用的像 CME 市场的停止逻辑一样的停止系统，每个交易所都有它自身的防故障

① 同上。
② 同上。

安全系统。面对危机，NYSE 制定了使迅速下跌的股票价格趋势变缓的机制，它把这种轻拍制动称作流动性补偿点（Liquidity Replenishment Point），在流行首字母缩写的证券监管界，称之为 LRP。一旦触发 LRP，交易大厅的人工经纪人将接替机器，试图通过老式的拍卖交易方式使受到影响的证券恢复买卖均衡。NYSE 是全美唯一的还有人工交易大厅的证交所，由于其和自动交易一起进行，NYSE 也称为混合市场。

在 2007 年之前的日子里，当 NYSE 具有最大交易份额时，交易暂停能有效阻止几乎所有的超卖，就像电影《澳大利亚》中瘦弱的土著男孩 Nullah 跳下悬崖拦住惊慌的牛群一样有效。但是 5 月 6 日，NYSE 不再是市场之王，恐慌的投资者开始回避这个交易所，而把他们的单子放在另外的组成全国市场系统的 70 多个交易所中。仅 BATS（更好的替代交易系统（Better Alternative Trading System）的首字母缩写）交易所，来自于其他交易所的卖单激增了 8 000%。简言之，投资者忽视了 NYSE "张开的双臂"，简单地 "追逐下一个最近的悬崖"。后来，NYSE 报告的它那儿交易的价格，即大板行情，在所有混乱情况下都未达到没有熔断机制的竞争对手所报告的可笑水平。

令人感到恐慌的 10 分钟内，DJIA 下跌了 700 多点，曾经离开市场的专业投资者开始重估形势，入市买进。他们重新入市后 10 分钟，市场基本回升到原有的水平，20 分钟内发生了非常危险的 1 000 点波动。上升也是同样的疯狂，苏富比（Sotheby）和苹果（Apple）股票的价格一度达到 99 999 美元，大概是因为某个交易员工作簿中的出价方触碰了存根报价。

"坐过山车"是令人感到惊恐的，尤其是对那些卖出者，他们试图保有盈利然而却损失了，恐慌一直持续了几个月。个体投资者清楚地记得 5 月 6 日那天不同寻常的波动一次又一次地发生。他们不再相信市场具有公平有效地执行止损指令的能力，认为市场是受高频交易者操纵的。受伤的还有一些非常有名的公司，在动荡期间，它们的股票遭遇了不公平的下跌。使它们感到懊恼的是，闪电崩盘造成市场资本缩水，投资者和雇员数百万美元的养老和退休金 "蒸发" 了。

第6章

震动与敬畏

5月6日交易结束的时候，交易总量达到194亿股，是2009年第四季度日均交易量的2.2倍。NYSE上市股票的交易量达到历史上所有交易场所的第二高，而NASDAQ上市股票的交易量达到新的高度。投资者信心动摇，因此，官方的华盛顿特区而不是华尔街愤怒了起来。

总统奥巴马下午3：15在白宫椭圆形办公室召见了财长盖特纳和白宫经济顾问拉里·萨默斯，就当前形势进行了简短会谈。在英国石油泄漏事件中，被指缺乏领导才能的总统面对华尔街的暴怒显然不愿意无所作为。

由于2008年和2009年对金融业进行了昂贵的援助，公众对华尔街心生厌恶，国会体察到了这一情况，迅速对证券市场的崩溃做出反应。就在闪电崩盘几小时之后的星期四晚上，国会议员Paul Kanjorski召集记者宣布金融服务委员会将于5月11日就资本市场、保险和政府资助企业关于闪电崩盘举行听证会，他是宾夕法尼亚州的资深民主党人，同样面临11月大选的艰难连任问题（Kanjorski在接下来的11月大选中会昂然离开办公室）。

"昨天的闪电崩盘难以置信地惊人，"Kanjorski在新闻稿中说，"几分钟内，我们面对的市场波动就像在2008年秋天所经历的那样，我们不允许有技术问题、监管漏洞或人为错误出现而引起恐慌，这是不能接受的。

在今天这个时代，应用复杂的技术，我们应该能够确保我们的金融市场被有效地监督，确保投资者受到保护。我们很幸运市场已经捕获错误，迅速反弹。SEC 必须调查这一重要问题。"

类似地，参议院小组委员会在议员 Kanjorski 的听证会结束之后两天，为了缓和公众的反华尔街情绪也安排了听证会。每个人都希望找到罪魁祸首，因为只需 20 分钟市场就惨遭失败。

为了平息国会、白宫和公众的情绪，SEC——证券市场的监管者和商品期货交易委员会 CFTC——证券期货的监管者，成立了联合顾问专家小组，其中包括前任监管者和两个诺贝尔经济学奖获得者，他们希望找到引起闪电崩盘的根源。这是崩盘事件发生 5 天后的一个特别决定。小组想要解决两个监管者尚未解决的事情，如包含证券和商品的资产组合的保证金问题，由商品如外汇期货对冲的具有证券特征的"混合互换"的处理问题。

1987 年 10 月黑色星期一，股市激烈暴跌，DJIA 一天内下降 22%，是自大萧条以来下降幅度最大的一天，里根政府迅速派布雷迪委员会调查该事件。小组由里根的财长 Nicholas Brady 领导。SEC 和 CFTC 的监管者决定采取类似的行动。

"我们已经做好了文书工作。我们说，'这就是答案'，" CFTC 委员 Scott O'Malia 回忆道。①

此外，到 5 月 18 日，12 天的时间内两个机构的职员已经写出了关于闪电崩盘的 80 页的报告。令人感到惊奇的是，在这一短暂的时间内，他们排除了市场操纵的可能性，迅速的升降似乎主要是由几个小毛病导致的，如存根报价、止损指令和证券市场缺乏统一的熔断机制，而新规则能够迅速地公平无痛地解决这些小毛病，这是一个补缀之策。

但是国会并不买账。了解参议员 Kaufman 工作的一些议员看到了闪电崩盘与高频交易的直接联系。议员 Kanjorski 在 5 月 11 日的公开声明中说："最近几年，高频交易激增。由于技术限制 20 年前其几乎不存在，现在高频交易迅速增长并摧毁市场，自动交易者能在数秒内完成交易，日

① Author interview on September 10, 2010.

交易量已经占到市场总量的 2/3。他们是否交易的决定会产生真正的后果。"另一个国会议员则在听证会上指责高频交易者是寄生虫。

监管者取消了 5 月 6 日的大约 21 000 个交易，他们说那是明显的错误交易，包括 7 000 个涉及 200 只个股的存根交易（见表 6.1）。

表 6.1 从 2：40PM 到 3：00PM 低于崩盘前价格的交易分布

	总交易次数	总成交量	总成交金额（美元）
所有交易	7 135 104	1 995 000 637	56 651 582 692
损失	5 013 724	1 358 709 226	38 047 617 508
0% ~ −10%	4 912 125	1 324 448 213	37 383 122 363
−10% ~ −20%	63 890	22 171 745	522 444 343
−20% ~ −30%	12 923	4 077 881	85 328 519
−30% ~ −40%	6 112	2 317 245	30 461 333
−40% ~ −50%	2 519	767 393	9 641 261
−50% ~ −60%	1 682	472 624	8 334 944
−60% ~ −70%	1 056	370 920	4 328 898
−70% ~ −80%	798	292 061	2 245 851
−80% ~ −90%	1 109	237 259	1 152 480
−90% ~ −100%	11 510	3 553 885	557 516

注：灰色显示的是低位交易

资料来源：CFTC-SEC 1

交易价格是闪电崩盘之前标价的 60% 或更低。至少 50% 的破产交易是散户单子，60% 的极限情况是贸然决定的后果。20 000 多个交易下跌了 20% ~59%，并且持续了一段时间。

"5 月 6 日那天，市场是如何运行的，使我们和我们这个行业感到不安，"William O'Brien，一个证券交易所——DirectEdge Holdings 公司的

CEO 如是说。①

不安？闪电崩盘不仅仅是这些。它是市场有严重瑕疵的一个警告。如果监管者和交易所认为它仅是不安，其就是在保证未来将会发生一个类似的，或许会带来更大灾难的闪电崩盘。

① William O' Brien, "Opening Statement Before the Joint CFTC-SEC Advisory Committee on Emerging Regulatory Issues," June 22, 2010.

第 7 章

典型代表

埃森哲随后成了紧张不安的市场事件的典型代表，如果你能想象一个公司的专门协商能够拨动你的心弦的话。实际上，财务总监 Pamela J. Graig 这一年 8 月在 CFTC-SEC 联合专家小组前作证的时候，得到了人们的同情，该小组从事对闪电崩盘的剖析。她说，虽然这个事件可能只是昙花一现，但是它的财政影响却很大，闪电崩盘损害了埃森哲全球雇员的养老金和激励计划。

Craig 是理想的证人。她是一个人到中年、身材修长的部门经理，但看起来有些紧张、脆弱。她和小组威严的成员间产生了移情作用。她的声音有些颤抖，显然在 CFTC 的听证室里她是人们关注的焦点，这令她感到不安。听证室里挤满了电视摄制组、新闻记者、游说议员者、监管者。瘦弱的 Craig 女士是听证室中唯一的女人，她在空调房里穿着毛衣，而外面的气温接近华氏 90 度。

Craig 有点像难民。她有着赤褐色的头发，其带着户外的潮气松软地垂到颈部，那天首都上空像被湿毛毯笼罩着。她表现拘谨，想说些什么，但是显然她更偏向于在公众场所保持沉默寡言。明显的局促使得她的声明更像是被迫进行的，而不是出自某个声音响亮的过分自信的 CEO。她给足了埃森哲面子，这有助于她传达公司在市场戏剧性崩溃中的戏剧性后果。

Craig 开始连续而有条理地报告公司的关键统计数据。她微颤着说，埃森哲是一个年收入 220 亿美元的跨国公司，市值 290 亿美元，全球拥有 190 000 个雇员，其中在美国有 32 000 个雇员，目前 25 000 个雇员是股东，其中 15 500 人在美国。

她随后立即严肃地阐述了一个观点："我们认识到，关于 5 月 6 日究竟发生了什么现在并不完全清楚。我们认为这似乎是席卷全球的经济消息的合成风暴，包括许多证券市场流动性下降，交易量不同寻常和一些技术挑战。基于我们拥有的闪电崩盘那天及之后的市场证据，可以说每一个原因都有可能使崩盘再次发生。"

没有人反驳她的断言。SEC 主席夏皮罗或 CFTC 主席 Gary Gensler 和其他的小组成员很有礼貌地聆听了她的谈论，并时不时点头表示同意。

Craig 说在每股股价下跌到 1 分钱的情况下，她的公司对 5 月 6 日的交易事件有独特的看法。她讲述道，那天下午 2：40，在 NYSE 交易的埃森哲股票从 41.01 美元下跌到 38 美元，下降了 7%，几秒钟之内，即触发了现在众人皆知的交易所流动性补偿点。

最初的下降是奇怪的，也许是盲目的投资者恐慌的表现，他们发动了抛售。埃森哲是一个有着健康现金流、盈利能力强的公司。超过 70% 的股票为养老基金和共同基金这样的长期投资机构所持有。大约 20% 的股票为现任及前任雇员及不愿因希腊人焚烧银行就转储其持有的人所有，这些希腊人对政府为限制其挥霍而实施严厉计划感到不爽。

Craig 陈述道："在那个时点，NYSE 暂时停止了股票的电子化交易，转而进入慢速模式，以便于 NYSE 交易大厅的做市商能够匹配交易单子。"在从快变慢的转变过程中，股票总共停止交易仅 1 分钟。在 60 秒暂停的最初 10 秒，拥有一些小市场单子（共计 10 400 股）的经纪人简单地转向了其他交易所。这种迂回的单子涉及 19 个 100 股的交易，它们的执行价全为 1 分钱。[①]

经纪人避开了 NYSE 的交易暂停将客户单子转向其他市场并没有什么

---

① Prepared statement of Pamela J. Craig, chief financial officer, Accenture, before the Joint CFTC-SEC Advisory Committee on Emerging Regulatory Issues, August 11, 2010.

困难。市场规则允许经纪人"交易路由"他们得不到买卖响应的交易所，即使当前交易所报出的是最佳买卖价格。这一规则的设计是为了防止交易所或专家遇到一个假信号时市场突然停止。经纪公司交易设备的使用可避免遇到这种障碍。监管者从来没有全面考虑过这种"交易路由"规则会带来的后果，因为他们不能理解他们所创造的全国市场系统的交易机制。实际上，在 2007 到 2009 年的市场大混乱之前，华盛顿的监管者很少提到华尔街。SEC 总是依赖像金融业监管局这样的自律机构管理交易所。SEC 审查这些自律机构以确保它们能够同监管每日交易行为一样监管交易所和会员企业，但是大部分 SEC 职员不愿意在市场趋势的研究上花费大量时间，他们对市场系统的内在运作令人惊奇的无知。①

当闪电崩盘结束的时候，许多已陷入漩涡的小投资者开始抱怨已遭到具有更多信息和拥有更快捷计算机的贪婪者的抢掠，但是还没有遭遇强盗，因为其没有执行一个错误交易。那些仅有一分钱的存根报价是合法的，因为在交易时投资者遇到的明确的市场单子是"执行时能够得到的最佳价格"。那些具有超级技术优势的人们会在上升中获利，市场现在具有高尔夫比赛的一些性质，即具有最高身价的俱乐部球员会获得最高分。然而，在国会会员的听证会上，交易所相关人员感到在这特殊时刻，许多交易是不"正当"的，这是诞生于 5 月 6 日证券危机的一个新的法律概念，其源自于做事情和快速完成事情的政治考虑。大约在晚上 8 点，交易所自行决定取消 20 000 个交易，这些交易的执行价格偏离下午 2：30 的报价 60%，甚至更多。对于那些偏离价格 59% 进行买卖的人来说这当然是厄运，而对那些聪明的交易者来说这无疑也是一个厄运，他们以 1 分钱的价格买入了埃森哲的股票，但由于认识到此举无异于偷盗，后来当股价攀升到每股 30 美元时他们迅速将其卖掉。但是现在留给他们的是卖空，他们必须到市场购买埃森哲的股票交付给购买者，而要支付的价格却比卖出价高得多。

埃森哲的雇员也遭受了惨重的损失。崩盘之后，接受股票形式补偿的雇员和签订了购股计划的人们开始萌生其他想法。

---

① Author interviews with numerous former regulars and numerous long-time Wall Street professionals.

"5月6日之后，许多股东关心的是，相对于其他大型企业来说为什么我们的股票受到如此大的影响。我们相信这种感情和散户的忧虑一样。" Craig在她准备好的声明中说。在她那天发出声明后三个月的时间内，埃森哲公司筹集股权资本的能力受到了影响，即便是从它自己的雇员那里募集资金。研究股票的投资者发现52个星期以来的最低点是17.74美元或者是16.40美元，这取决于开始日期的不同。① 股票价格似乎被高估了，在2007年到2009年的市场低迷时期（遭遇了美国历史上最大的熊市之一），埃森哲的股票也从未低于26美元。闪电崩盘打破了这一局面。

Craig提出了使未来免于失真的方案。她建议SEC起草规则，对整个市场的大部分股票设置个股断路器。如果股票在任意交易所在5分钟内下跌超过5%或更多，则所有交易所就应该停止该股票交易5分钟，直到买卖不均衡得到恢复。

监管者并不同意Craig的意见，因为存在着一个他们喜欢的快速修复，证券交易所也喜欢这种修复。问题是使用强加于整个市场的断路器不过是为了粉饰门面，以使国会不再支持监管者。回溯到20世纪80年代，学术研究就会怀疑该机制的功效。理论上，如果投资者恐慌、过度反应，那么暂停没有人愿意持有的暴跌股票的交易将给其时间以理解新信息，认为超卖的购买者将进入市场从而逆转进行恐慌性抛售的现状。事实上，断路器否定追求流动性的售卖者引起了更大的恐慌，其假定起初引起恐慌的必定就是真正的"罪魁祸首"。

一名前华尔街主管说："使用断路器是SEC进行事后修补的一个尝试。SEC试图找出究竟发生了什么，并制定规则，然后人们会试图绕过这一规则。"②

不论是SEC还是CFTC都回避现实问题。在过去的30年里它们不断地干预市场，使市场系统具有明显的瑕疵。它们无意间创造了允许短线投资者统治市场的环境，虽然交易商结算能带给市场好处，但也导致了明显的缺陷。在清晨和傍晚之间指数疯狂运动，使长期投资者感到：对比长期资本运行，其像是在卡西诺赌场掷骰子。

---

① Craig cited $ 17.74 in testimony. The exchanges showed $ 16.64.
② Author interview in August 2010.

第 8 章

意外事件调查

监管者匆忙缩小调查范围令人感到困惑。闪电崩盘的可疑点很多，足够 Agatha Christie 写一本小说，然而监管者仅仅在几天之后就排除了它们。一名熟悉 CFTC-SEC 联合顾问小组决议的监管官员调查第一天就震惊了，当时有两个成员甚至在小组第一次会议之前就认为发生闪电崩盘的原因根本无从得知。他认为他们是失败主义者。他很想知道委员会为了查明崩溃的真相是否真正努力了。初步报告的重点是源于希腊和其他地方的负面消息的合成风暴是引起闪电崩盘的主要原因，小组轻易地就排除了官方监督。这是一个有瑕疵的试图不服从其他领导的借口。

愤世嫉俗的公众也不买账。由于崩盘的速度和强度，他们怀疑高频交易者及其神奇的计算机是真正的罪魁祸首，或许是他们有意使市场崩溃以便卖空。

高频交易者认为这个理论是流行的，因为他和他的同事被认为是神秘的，他们在市场中的角色被误读了。另外，高频交易者说，在公众的印象中由于 Aleynikov 事件高频交易公司与高盛被混为一谈，[1] 而高盛公司是华尔街不正常的象征。

"当高盛与高频交易相关联的时候，对我们这个行业来说确实不是最

---

[1] Author interviewed in July 2010.

好的 PR ，"他说。

这点很容易理解。2010 年 5 月 13 日的一则《华尔街日报》/美国全国广播公司的民意测验表明，丰田生产的大部分受欢迎的汽车配置的计算机化的油门踏板发出的假信号导致了 50 多人死亡，公众对丰田的支持率是 31% 。而高盛，由于做空投资者受到国会的指责，其支持率仅为 4% 。

高频交易者并不是引起崩盘后果的唯一被怀疑者。在因特网上的大量有声博客空间里，学者猜测崩盘的原因是'胖手指'交易，一个对冲基金、经纪公司或机构的错误卖出，将引导市场方向的改变，引起计算程序瞬间卖、卖、卖。实际上发生闪电崩盘的那天，传播整个事件的错误谣言是由拙笨的 Citygroup 的交易员发起的。

也有人怀疑在 ETFs 交易中散户交易突然转向熊市，从而引发了抛售恐慌。因为 ETFs 代表了市场的大部分，抛售将导致所有的股票价格下跌。

一些地方甚至有恶毒的国外黑客恐怖分子。国内安全事务委员会对这种可能性进行了调查，但最终没有发现什么。SEC 没有发现明显的黑客攻击事件，但是由于代理商没有检查任何市场交易信息，SEC 不愿意完全排除这种可能。

尽管有很多可能性，但并没有确切证据，找出证据将是一个艰巨的任务，因为"犯罪现场"很大，证据分散。目前的问题类似于联邦航空管理局面临的问题：一架大型客机坠地，剧烈的爆炸冲击使其向各个方向抛出数百万个碎片。崩盘调查或许需要几年才能发现足够的"碎片"以组成有用的"模拟飞机"。

交易者在 5 月 6 日那天买卖了 190 亿股股票。政府的过度监管者可能需要花几个月的时间整理这些交易以建立因果关系链。在高流通性市场中，高频交易的单日数据相当于在一个自然市场中 30 年的日数据。[①] 正如前面指出的，高频交易主导了证券市场，高频交易者仅代表 2% 的市场参与者，却进行了 70% 甚至更多的交易，许多高频交易公司每天交易一

[①] Michael M. Dacorogna, Ulrich Muller, Richard B. Olsen, and Olivier V. Pictet, *An Introduction to High-Frequency Trading* (London：Academic Press, 2001), 6.

二百万股股票。

进一步让调查者感到挫败的是，在崩盘中没有可以用黄色带子隔离起来的明显的核心地点。发生闪电崩盘时，有 11 个独立的已注册股票交易所，其中大部分使用的是电子系统，并安放有高频交易公司自己的计算机服务器，这些计算机在执行交易时能减少延迟或交易时间（计算机离目标越近，来回传输数据文件的速度就越快）。任何高频交易公司或交易所或大机构及对冲基金客户都可能引发崩盘。

但是，在这神秘的大厦中还有很多秘密房间。超过 70% 的另类交易系统（ATSs）是作为经纪自营商注册的，它们匹配所有类型的证券买卖单子。有 5 个电子通讯网络，实际上是 ATSs 选出的，并在汇总磁带记录器上显示它们的最佳买卖价格，这样所有投资者都能看到它们的报价。[①]还有 30 个 ATSs 被称为暗池，它们不在"明市场"交易，这样就不显示它们的报价。像共同基金和养老基金这样的大机构想要卖出某一大宗股票，比如 150 000 股，它们不会将这么多股票推到有汇总磁带记录器的公开市场上，因为突然出现这样大的供给，在交易完成之前会引起价格暴跌。[②] 暗池力图为这些大单子寻找另一个大的交易者或者将大单子分割成小份再逐渐进入市场。

在场外交易市场，经纪自营商"内部化"交易，用一个客户的单子匹配另一个客户的。不向市场透露买卖情况。这类交易占到全国市场系统总股票交易量的 17.5%。[③]

大厦中不仅有许多房间，而且它们还是联动的。交易者买卖股票期权、期货、外汇、能源和贵金属期货等。14 个指定的控制市场 5 月 6 日那天在运营商品市场商品，其中 6 个销售的产品与证券市场密切相关，以至于这些交易场所的价格运动方向一致。商品交易曾一度和农产品如猪腩、硬资产如黄金及其他贵金属交易严格关联。到 2010 年，它们也提供基于主要市场指数如 S&P 500 和 DJIA 的证券产品，也开始交易 ETFs。

---

① Testimony of James A. Erigagliano, Co-Acting Director, Division of Trading and Markets, U. S. Securities and Exchange Commission, concerning dark pools, flash orders, high-frequency trading, and other market structure issues (www. sec. gov/news/testimony/2009/ts102809jab. htm).

② 同上。

③ Investment Company Institute, "Re: Concept Release on Equity Market Structure" (File No. S7-02-10), April 21, 2010: 14.

ETFs 具有共同基金的特性，但也有着普通股票的流动性。ETFs 通过提供给散户可负担得起的，与贵金属、商品和股指产品市场相联系的高流动证券而创新了投资。

总之，为描绘闪电崩盘的全景，弄清 5 月 6 日在所有市场中的所有交易将是一个复杂的工作，甚至对那些拥有最好数据和设备的人来说也是一样。但是，SEC 仅有二流的东西。

第 9 章

Mary 和 Gary 遇到麻烦

SEC 和 CFTC 负责闪电崩盘调查的领导虽然具有很大的能量，但是也有诸多沉重的包袱影响了调查的进程。

玛丽·夏皮罗，首个 SEC 女性主席，不得不设法忘掉她掌管金融业监管局时的不完美记录，金融业监管局是经纪人行业的自律机构。两大丑闻损毁了她的形象，它们分别是 Madoff 的庞氏计划和 80 亿美元的 R. Allen Stanford 的投资骗局，其由于未揭露它们而受到指责。Gary Gensler，CFTC 主席，在克林顿政府的财政部工作的时候反对监管信用衍生品市场。这一市场的监管不足是造成 2007 年到 2008 年信用市场危机的主要原因，危机造成 700 万人失业，政府需要对主要的华尔街银行和经纪公司进行联邦救助。

玛丽任期内的年薪从 210 万美元上涨到 300 万美元，她一离职就得到 780 万美元的离职费。给人留下的印象是她口袋里的钱使她忘记了监管工作。巧妙地处理闪电崩盘是改正她过去所犯错误的机会，无论是真实的还是虚构的。实际上，她一进入 SEC 就采取了特别富有想象力的一步以确保 Madoff 形式的丑闻不再出其不意地"袭击"她：她创建了自 1934 年机构成立以来的第一个新部门，即风险、战略和金融创新部门，配备了风险专家、经济学家，甚至一些物理学家，其将负责预期新的及现有的投资行为与产品对市场的威胁。夏皮罗任命得克萨斯州大学教授 Henry Hu 领导这一部门。Hu 在 1993 年为《耶鲁法律评论》写了具有远见的文章，文中预测大的金融机构运用期权这样的新产品会铸成大错。这是在用外国商品赚取利润的对冲基金长期资本管理公司破产前 5 年，在保险公司 AIG 破产之前 15 年。Hu 的部分思想是：从实际贷出者剥离贷款的信用违约掉期导致了"空债权人"情境，破坏了作为债权人的意义。

SEC 由律师主导，他们对制定监管规则比实际管理市场更有兴趣。经济学家是二流公民，他们是洗盘子的人，而不是厨师。但是在 SEC 的新部门里，每一个经济学家和律师地位平等。

Hu 时不时会带来外边的言论使得新部门能跟得上变化。他曾经在 2009 年 11 月邀请 Arnuk 和 Saluzzi 谈论关于高频交易的问题。闪电崩盘那天，Clara Vega，美国联邦储备委员会经济学家，在 SEC 在 Hu 的命令下写了专题报告"终结者：外汇市场的算法交易"。报告发现高频交易者在艰难困苦之时降低了市场波动性，提高了流动性。

时光倒回到 20 世纪 90 年代，Gensler，高盛的前交易员，是一个"好老弟"，艾伦·格林斯潘和前财长罗伯特·鲁宾也一样，后者使 Brooksley Born 领导下的 CFTC 远离衍生产品监管，尽管 Brooksley Born 不断警告这些衍生产品工具增加了金融市场的系统风险。他们这些"好老弟"轻蔑地待她，好像她是一个乱插手的不懂金融市场运作的社会改良家。Born 由于努力提醒即将到来的灾难，后来获得了 John F. Kennedy 勇气奖，颁奖词说："在 20 世纪 90 年代繁荣的经济环境下，Born 与克林顿政府的其他监管者、多疑的国会议员和衍生产品监管的说客作斗争，警告人们类似信用违约掉期这样的无监管金融合约将会给经济带来巨大的灾难。她的努力遭到了华尔街和相信放松管制对于鼎盛的经济增长是非常重要的政府官员的强烈反对。而且，她的对手最终在她任期内通过立法禁止了 CFTC 对金融衍生品的监管。"

Born 现在是 Gensler 和夏皮罗任联合主席的联合顾问小组成员。根据这样的背景，没有她的签名不可能产生可信的报告。

夏皮罗和 Gensler 有一些共同特征：两人都有敏锐的洞察力，渴望成功，具有政治敏感性。他们懂得在国会培养盟友的重要性，知道如何驾驭官僚资本与政治秘密渠道，这对在华盛顿特区做事非常关键。他们也是千万富翁，喜欢精神独立，不需考虑与生活状态相关的金钱压力。

Gensler 在高盛赚了数百万美元，1988 年，在其 30 岁的时候，他成了合伙人。同属于这一类的还有 Lloyd Blankfein，其后来升为高盛的全球董事长，成为华尔街经常出错的典型；John Thain，Merrill Linch 最新的董事长，在公司要接受纳税人救助的时候，因花费 122 万美元重新装修办公室而受到鄙视；Bob Steel，银行业"神童"，合并了 Wachovia National Bank 和 Wells Fargo，随后作为纽约市发展公司的副总裁为他的朋友纽约市市长 Michael Bloomberg 服务。Gensler 首先交易外汇和债券，后来进入投资银行，在那儿他专门负责处理媒体问题，然后交易抵押担保债券，再后来成为全球范围金融公司的联席主管，领导着 500 名雇员。Gensler 这个巴尔的摩人，曾是民主党的一个主要募捐者、金融政策问题顾问。他建议议员 Paul Sarbanes 提出《萨班斯—奥克斯利法案》，该法案是继安然、泰科和世通的丑闻之后而提出的一个全面的公司改革法案。他很享受成为一个政策制定者，他渴求在政治上有更多活动，希望和民主党伙伴分享更多。

1997 年 6 月，总统比尔·克林顿实现了他的梦想，提名 Gensler 为美国财政部金融市场助理；并提名罗伯特·鲁宾，另一个高盛同僚，为财政部长。Gensler 干得很好，1999 年被提为副部长。

Gensler 服务到比尔·克林顿内阁下台。他离开后去了风险投资公司，并写了一本充满激情的关于共同基金投资风险的书。但是，他仍抱有政治抱负。当希拉里·克林顿在 2008 年竞选总统获得候选人提名时，Gensler 是她的主要募捐者，她矢败后，Gensler 加入了奥巴马阵营，后来成为当选总统的 SEC 过渡团队的领导。

奥巴马当选总统后，2008 年 12 月提名 Gensler 为 CFTC 主席，但委派并非轻而易举。2009 年 3 月参议院投票表决时，Gensler 受到佛蒙特州的 Bernie Sanders 的阻拦，后者是大多数时候赞成民主党的社会主义者。议员 Sanders 被 Gensler 多年前反对监管抵押债务证券市场所激怒。他声称："历史行进到此刻，我们需要一个独立的领导，他能有助于创造金融市场的新文化，让我们远离那些贪婪、鲁莽和可能对经济造成很大伤害的违法行为，"这意味着 Gensler 不是这种人。

Gensler 和奥巴马在 Sanders 面前屈服了，他们承诺探索严厉的信用违约掉期市场监管。作为对新英格兰议员的再次让步，Gensler 同意监管对冲基金和能源市场以确保无人操纵燃料油和原油价格。Sanders 在 2009 年 5 月放弃了对 Gensler 的反对。"我收到了 Gensler 先生和奥巴马总统的监管金融市场的详细计划，这表明政府有保证金融市场不再发生混乱的决心，"他说。

Gensler 声称他已经得到了教训，他说自己将是一个严厉的、明智的监管者。他把这些写了下来。闪电崩盘时，他就有机会进行陈述。

夏皮罗也是一个"天才登山者"。她从政治服务和关系中直接获得了数百万美元。其他官员也成功运用公共服务得到了丰厚的薪水，但是很少有人像夏皮罗那样快速，并获得惊人的收益。1980 年，她从律师学校毕业的第一份工作是担任 CFTC 的出庭律师。由于聪明和极富热情，她很快成为 Susan Phillips 主席的法律顾问和执行助理。Phillips 后来被安排在政府的联邦储备委员会工作。

之后不久，夏皮罗就开始为政府服务。1984 年，她为了获得更高的报酬离开 CFTC 到美国期货业协会，在那儿她是游说者。协会的资深主席 John Damgard 有着强大的共和党关系，他是 1968 年理查德·尼克松成功竞选总统时的助手，后来成为副总统斯皮罗·阿格纽的助手。1988 年，Damgard 利用他的关系找到了夏皮罗，她是无党派者，时年 33 岁，里根总统任命她为 SEC 民主党议员。1989 年，她受到里根的继任者乔治·布什的任命。夏皮罗工作可靠，她不是一个空想家或改革者，但是她知道如何达成共识。

1993 年，克林顿提名夏皮罗出任 SEC 主席。同年晚些时候，他提名她为商品期货交易委员会主席，使其服务到 1996 年。夏皮罗离开那儿之后成了全美证券商协会主席，该协会为 NASDAQ 股票市场的自律机构，2007 年她被任命为 CEO。纽约股票交易所（NYSE）也有自律机构。虽然两个交易所对其会员的规则不同，但是在一个 NYSE 出问题 NASDAQ 也会随之变化的年代，其体制都变得有些令人烦恼。夏皮罗寻求全美证券商协会（NASD）和 NYSE 进行市场监管的合并，于是 2007 年，产生了

FINRA。合并的结果是她每年的二资上涨了 57%，从 1 999 731 美元上涨到 3 140 826 美元，这对于曾是 NASD 会员的经纪公司来说很不公平，其感到夏皮罗以它们为代价使自己获益。

为了让会员公司同意合并创建 FINRA，夏皮罗告诉 NASD 会员他们将得到支票，所得数额的依据是对合并后产生的未来收入的预测。在 2006年 12 月发放给成员的代理材料中，NASD 声称国税局阻止支付给每一会员超过 35 000 美元。

反对小支出的加利福尼亚经纪公司在针对 FINRA 的法律诉讼中断言：夏皮罗和她的职员在关于国税局裁定的代理材料上撒谎。其声称看到了来自国税局的信件，在分配上并没有这样的上限，它源于 20 亿美元的会员权益，这是 2001 年到 2006 年在 NASDAQ 上市的 NASD 企业累计的结果。这一诉讼要求给予每一会员公司 70 000 美元到 112 000 美元。

这一诉讼在 2010 年 3 月被驳回，当时纽约南部地区地方法院法官 Jedi Rakoff 裁定像 FINRA 这样的自律组织和它们的官员"在他们监管职能范围内履行公职时"享有个人损害赔偿诉讼豁免权。但是，他没有裁定它的功绩。简而言之，这种形式被写入了法律条文，即使 FINRA 在代理问题上撒谎、少给成员钱。在法庭上，抗议成员没有追索权。

夏皮罗的名声受到了诉讼结果的影响。她离开 FINRA 得到 700 万美元的遣散费使事情变得更糟，而且有批评家指责她是一个松懈的监管者。

夏皮罗在 SEC 的前任已经重建了代理人道德。在 Madoff 丑闻揭露了执法部门的严重缺陷和 2007 年信用崩溃善后工作完成之后，道德水准很低。《Dodd-Frank 金融改革法案》要求 SEC 在 18 个月内实施 90 条新规则，而规则制定过程要求机构公布它议定中的规则，接受公众评论，然后重新起草反映明智建议的规则。夏皮罗也开始审查市场结构，参议员 Kaufman 想加速这一进程，因为高频交易者引起了市场歪曲。

现在，闪电崩盘被增加到繁忙的工作中。但是，正如它对 Gensler 一样，它也是夏皮罗的黄金机会，为写她故事的历史学家提供了一个好的结局。

第 10 章

毁灭之路

透过美国投资者的历史和他们在证券市场中的经历，我们发现其具有受虐狂的特征，需要著名的精神病医生用几百页的文字解释为什么受到虐待的投资者在受到先前的痛击之后，明知道他们的内心会再次受到重创，却还会一而再，再而三地重新回到市场。

国会和监管者认为小投资者为美国商业提供资本起了重要作用，因此它们通过对华尔街制定新规则力争留住小投资者。规则虽然暂时仍起作用，但是华尔街总是在监管者的鼻子底下找出各种新方式捉弄它的搭档。

2010 年听到的许多关于某一交易阶层有不正当竞争优势的抱怨，在过去已经被无数次提到，小投资者似乎总是受到华尔街骗子的宰割。Fred Schwed 的著作《客户的游艇在哪里?》2010 年引起了投资者的共鸣，正如 1940 年第一次发表他这一经典的华尔街著作时一样。①

发生在 1969 年和 1970 年的特别沉重的打击导致了 2005 年的全面市场改革。那时股市泡沫破灭，随之而来的熊市使华尔街公司利润锐减，100 多家经纪公司处在资本不足的困境中。② 所谓的"白鞋"公司大量倒

---

① Schwed related a story about a visitor to the financial district who was shown the yachts of bankers and brokers at anchor in the Battery. "But where are the customer's yachts?" the innocent asked.

② "Wall Street: Setting a Deadline for Reform," *Time*. September 11, 1972. www. time. com/printout/0, 8816, 906357, 00. html.

闭，自大萧条以来华尔街进入了第一个明显的衰退时期。对于国会来说，
这为其敲响了警钟：NYSE 和它的监管者 SEC 工作不够努力。①

资本危机只是一系列打击的一部分。第一击是 1968 年的尴尬的文书
工作失败。在股市泡沫的鼎盛时期，经纪公司面临着大量的未预期新客户
的流入。新来者希望迅速致富，因此主要投资于相对较小规模的投机性高
的股票。狂热的人群推动交易量创下新高，而经纪公司的结算室则主要是
手工方式运行，其跟不上大量的文书工作。

失败的交易额在那年 5 月达到 34.7 亿美元，因为卖出经纪人不能交
付买入经纪人实际的股票凭证从而使得交易无效。文书工作如此失败以至
于许多公司无法向投资者解释资产应当在它们的安全保管中。后来，审计
会发现一些被错误配置的资产，为数个经纪公司的银行贷款作质押。在另
一些情况下，证券则是简单地消失了，大部分可能是进入了不诚实的职员
的口袋。由于惊恐和厌恶，公众迅速离开了市场，就像抢购高潮时迅速进
入一样。

SEC 将记录灾难归咎于经纪公司，当新客户手握现金蜂拥而至时它们
雇佣了股票推销员而不是其他的职员。这种新业务堆积的文书这样多，以
至于交易所不得不选择每周三暂停交易以处理大量杂乱的客户单子。②

并非所有的新客户都是新手。整个 20 世纪 60 年代，机构投资者开始
主要在 NYSE 交易，Harvey A. Rowen 回忆道，他当时是 SEC 的律师。③ 大
部分机构客户是共同基金，大的银行信托部门和主要养老计划也首次加入
了，后者先前认为股票投资会违背设计的使它们免于投机的"审慎治理
人法则"。

"这使它们茅塞顿开，如果它们不买股票，那它们才是真正违反了审
慎治理人法则，因为股票能与通货膨胀同步变化，而债券却不能，"
Rowen 说。

1965 年年初，通货膨胀已成为主要的经济问题，由于越战不断扩大，

---

① A Flash Crash in May 1962, which saw the DJIA plunge 9% in 12 minutes, was shrugged off by most investors as an anomaly. Some saw it as a buying opportunity in the midst of a bull market. There was no serious attempt to discover what had caused the old swoon.

② John Brooks, *The Go-Go Years* (New York: Allworth Press, 1998), 182–187.

③ Interview with the author, August 26, 2010.

国内项目的财政支出大幅增加。

"因此 NYSE 的交易激增，在那段日子里，95% 的美国股票在此交易。会员公司不能跟进，因为在一个交易之后其必须通过人工向交易方交付股票，" Rowen 说。[1]

结算室的文件处理最终取得了进展，但是进展速度很慢，很难满足客户要求。1969 年，SEC 主席 Hamer Budge 注意到："年初，NYSE 会员没有交付的股票价格达 45 亿美元。这个数字占整个会员资产交易的 16.4%。1969 年 11 月的第三个星期，没有交付的股票价格接近 18 亿美元，大约占 NYSE 公司资产的 6.5%。"这些未交付的股票在很多情况下是负债，因为公司不对其客户的证券负责。

尽管结算室的文件处理已经改善，而服务从更坏变成了只是糟糕而已，但 Budge 报告说客户抱怨失去证券，拙劣的交易量从 1967 财务年度的 2 600 份上升到 1969 财务年度的 12 500 份。

"我也应该提及，我们有充足的理由相信对每一个收到佣金的人，经纪公司正受到 25 人或 30 人的抱怨，"他说。[2]

1969 年早些时候，华尔街注定要受到连续 19 个月的熊市影响，公司佣金收入降低，它们持有的证券价值降低。1968 年的税收增加降低了预算赤字，随后的 1969 年进行财政紧缩的目的是减缓越战引起的通货膨胀，导致经济扩张变慢，从而触发了强劲的抛售。随着交易活动的减少，整个华尔街的收入均有所降低。经纪公司开始迅速烧钱，这些大经纪公司的情况变得如此可怕，以至于市场官员担心这些部门可能会由于惊恐的客户大量抽调现金和资产而不复存在。NYSE 不得不出面对 200 家经纪公司进行干预，用 2 500 万美元的特别信托基金来稳定客户，但是超过 129 家的经纪公司最终倒闭或被更强的同业者合并。[3]

监管者指责 NYSE 为会员公司建立资本标准，进行合规性审计。1969 年的危机表明，可笑的松弛标准和审计过程似乎根本不存在任何作用。更糟糕的是，NYSE 在危机中放松了现存的松弛标准，希望时不时为问题公

---

[1] 同上。
[2] SEC Chairman Hamer Budge, Speech to the Investment Bankers Association of America, Boca Raton, December 9, 1969.
[3] David A. Loehwing, "Rx for Wall Street," *Barron's Magazine*, September 4, 1972.

司买入证券。SEC 不敢提出异议，担心一旦那样做，NYSE 或许不会将 2 500万美元的特别信托基金偿还给会员公司客户。①

特别信托基金诞生于 1964 年备受尊重的经纪公司 Ira Haupt & Co 的失败。该公司遭受了新泽西商品交易者 1 500 万美元的豆油诈骗，使公司客户感到惶恐不安，公司当时很担心这种恐慌会蔓延到其他经纪公司的客户那里。NYSE 很快找到了一个合并伙伴一起购买该经纪公司，以安抚投资者的紧张情绪。但是，NYSE 的品牌受到了影响，交易所感到需要采取策略重塑它。因此，在大张旗鼓的宣传之后，交易所建立了特别信托基金，承诺一旦盈亏自负的成员公司行将倒闭其会用它来资助失去控股的客户。

在 1964 年，这不是一小笔金额。即便如此，它还是无法补偿 1969 年一系列经纪公司倒闭造成的客户损失。当信托基金用完的时候，仍然有 40 000 多个经纪公司客户口袋空空如也。② 通过特别评估后，交易所又增加了 7 500 万美元，直到 1972 年，所有这些可怜的人才得到他们失去的资产。但是，这本身对恢复投资者对股市的信心没有作用，这通过公开交易的经纪公司的股票价格得到了证明。这些股票以适度的 5 到 8 倍的市盈率交易，价格太低不足以吸引所需的资产注入。③

NYSE 请求国会向市场伸出援助之手，通过特许建立经纪行业保险系统以延缓生存下来的公司的流动。预想的证券投资者保护公司（SIPC）会确保客户账户达到 50 000 美元，一旦成员经纪公司倒闭，其资产就会不见。④ 新的保证人会得到联邦政府的暗中支持。

但是，让华盛顿特区或华尔街接受并不是一件容易的事情。经纪公司因为要为基金支付年金而感到恼火。国会对 SIPC 要求美国财政部给予最低 10 亿美元的信贷额度置之不理。在不断的争吵和敌对中，其以微弱多数于 1970 年授权立法，这和 2008 年要求救助华尔街不一样，尽管对纳税人来说成本很高。国会坚持 SIPC 仅应用于将来的危机，要求华尔街清理目前混乱的无政府的慷慨赠与，交易所在应急基础上又捐献 650 亿美元以

① 同上。
② Brooks，350.
③ Budge，Dec. 9，1969.
④ Loehwing.

平息事态。

虽然 SIPC 建立了，但要改变华尔街还需要很长的时间。DJIA 在 1968 年 11 月疯狂投资的高峰期达到 955 点，一年之后，则停留在 700 点，小投资者在"舔舐"自己的创伤。1972 年 11 月，市场复苏，DJIA 突破了 1 000 点，但是小投资者对跌停回升袖手旁观，由于 3 年前的伤痛他们不再信任市场。小投资者，被贪婪蒙蔽了双眼，急切地相信了华尔街骗子告诉他们的买股票能迅速致富，然而当得知他们已被欺骗时其完全震惊了。

散户也震惊了，清醒了，他们发现经纪公司有能力不让他们的资金进入实际的商业。对于华尔街的巨人来说更糟的是，这些投资者感到制度不利于他们，而有利于拥有先进的研究、更好的价格和内部信息的机构。①

很大程度上，这种不利的感觉是汇总记录带缺乏所导致的。当投资者在 20 世纪六七十年代早期执行一个交易时，他不知道交易所的专家是否给了他最佳价格，或者同一股票在区域交易所是否有更好的交易。小投资者总是拥有劣质信息。

"主要市场都拥有秘密价格数据，它们使用数据的方式就像其他参与市场竞赛的俱乐部那样。"SEC 前主席李维特回忆说："市场间的联系是初级的，甚至是不存在的，不可能在其他市场得到更好的价格。也就是说，即使你知道其他市场有更好的价格，你也不可能得到。用国会的话说，投资者的信心'疲软'。"②

数据表明，小投资者是明显抵制市场的。1972 年 4 月，200 股或更少的股票交易量占 NYSE 总交易量的比重是 1968 年的 50%。③ 投资者连续 14 个月从共同基金中撤出投资。

由于缺乏小投资者提供的流动性，金融机构的投资集中在大的国际增长型股票上，其很快以"宗教股票"而著称，股票投资者相信有足够的流动性使股票能稳健运行。而其他股票因缺少利润引起波动性增加，故呈现出突然的大幅度价格波动和较大价差。

---

① G. Bradfork Cook, Chairman of the Securities and Exchange Commission, "Democracy in the Markets," an address to the Economic Club of Chicago, April 25, 1973.
② Author Levitt, Speech by the SEC Chairman, "The National Market System: A Vision That Endures," Stanford University, January 8, 2001.
③ 同上。

　　这和 2010 年 5 月闪电崩盘的情景可怕地相似，70% 的交易量集中在 1 500 个数额最大的上市股票上。这些股票的交易价差很小，低到 1 美分，这之外的其他股票的价差则从 10 美分到 1 美元不等，有时甚至更多。

　　G. Bradford Cook，1973 年时任 SEC 主席，说："在某种意义上，我们陷入了错误的怪圈：没有散户的单子，市场缺少流动性，导致机构投资集中在最富流动性的股票上，这些股票数量庞大。当然，这种集中在机构买卖股票的时候产生了剧烈的价格运动，同时也减少了流动性。这些价格波动和小公司股价的平稳下降使散户感到沮丧，进一步加重了这种情境。"①

　　NYSE 的交易量下降了 9%。在美国证券交易所上市的公司几乎都是成长型小企业，那儿的交易量惊人地下降了 40%。

　　事后看来，真正具有讽刺意味的是 SIPC 为 NYSE 创造了未预期的结果：打开了国会干预证券市场的大门。反过来说，干预导致了 NYSE 作为市场领导者发生了巨额损失。

---

　　①　同上。

第 11 章

《证券修正案》的失败

1970 年，华尔街的惨败沿着华盛顿特区的宾夕法尼亚大道蔓延，激怒了最有公德心、最廉洁谦逊的一个人，他就是曾在国会占有一席之地的加利福尼亚州众议员 John E. Moss。如果你从未听说过他，情有可原。他是那些有影响的却功亏一篑的伟大历史人物之一。或许因为他缺乏华丽的外表，而且略带沧桑，当 1997 年 Moss 去世的时候，《纽约时报》讣告的标题笨拙地称赞道："一个用无趣、严肃、朴素、缺乏幽默、工作努力、单调乏味等多个词语描述的人——Moss 先生，民主党人，留下了惊人的引人注目的立法遗产。"①

在《华尔街日报》的一篇生平简介中，Moss 被称为"正直但浮夸的妄自尊大的'传教士'"。他有时会令人尴尬地凝视着对方，并喋喋不休地重复证据。②

Moss 最大的法律成就是 1966 年他的《信息自由法案》（FOIA）获得通过，1975 年通过的修正案使其更加完整。仅为这一功绩，就值得为他塑一座雕像。他是一个有着顽强决心的人，不管遇到多大的压力都拒绝退出或延期。1955 年年初，当他就任 3 人小组委员会主席调查联邦政府的

① Robert McG. Thomas Jr., "John E. Moss, 84, Is Dead; Father of Anti-Secrecy Law," *New York Times*, December 6, 1997.
② Carol H. Falk, "The Investors' Friends," *The Wall Street Journal*, August 17, 1972.

信息处理和分布情况的时候，他就为 FOIA 的通过而努力。Moss 发现当局定期销毁了一些甚至是一点也不会有伤大雅的"机密"或"绝密"文件。他很震怒，认为这些秘密的销毁妨碍了纳税人了解官员是否对其行为负责。Moss 为更多公众可以接近政府文件堂吉诃德式地持续努力了 11 年，直到他的举措获得了足够的支持。他争论说开放的政府会保护自由，会杜绝政府滑进独裁的境地。而他所在的民主党派则是主要的障碍，于是他做了一个迂回突击，说服共和党支持他的举措，其中包括来自伊利诺伊州的年轻共和党律师 Donald Rumsfeld。

Moss 的助手 Michael Lemov 数年后回忆道："在成立 Moss 的小组委员会之前，每一个行政部门都提出了对法案不利的证明，断言它将会削弱联邦机构的执行力，因为当他们认为秘密执行合适的时候，他们将无法秘密执行。"①

1966 年 7 月 4 日，林登·约翰逊总统勉强签署通过了该法案。

Moss 对于 1975 年修正案的贡献是，他为监管者提供了一个即使今天仍在使用的蓝图。现在回想起来，这可能是一个不应该通过的法案，因为它给当局太多的力量塑造市场，而这正是 Moss 所反对的。

Moss 不是建筑师。他不是来自银行家族，从未开过公司，并不富裕，他甚至没有受过大学教育。但是，他有满腔的热情保护普通公民免受权利泛滥的侵扰。平民主义反映了他较低的受教育程度，这也是大多数人经不起的考验。Lemov 写道，当 Moss 的母亲和妹妹 1927 年在萨克拉门托相继去世的时候，他的父亲把他和他的弟弟抛弃在了铺着干草的阁楼上。

Moss 为在大萧条中保护他自己和弟弟，早年就展露出了他传奇般的意志。他做他能遇到的任何工作：销售轮胎，为商店货架备货，甚至驾驶灵车。像许多经历过苦难的人一样，他非常节俭，但就他自己说，他这样是因为他具有慈善心。Lemov 叙述了 Moss 为了节省一角钱的公交票价而行走几英里到萨克拉门托社区大学，这样他就能用省下的钱养活他弟弟。②

---

① Michael R. Lemov, "John Moss and the Battle for Freedom of Information 41 Years Later," Nieman Watchdog, www. niemanwatchdog. org/index. cfm? fuseaction = background. view&backgroundid = 00191, July 3, 2007.

② 同上。

Moss 希望改变他所处的艰难环境，因此他开始对政治感兴趣。受罗斯福新政的影响，他开始活跃在地方政坛。二战的到来搁浅了他的政治抱负，他参加了海军，退役时他开了一个电器商店以养活妻子及两个女儿，但是他依然渴望投身政治。1949 年，Moss 竞选加利福尼亚州议会议员并获得成功，他担任了两届。1952 年，他以 0.4% 的微弱多数得票率入选国会。接下来的 26 年充分证明了 Moss 是一个有原则的改革者，虽然他经常像激怒共和党人一样激怒本党派成员。

1972 年，他的众议院小组委员会提交的关于市场形势的报告是大萧条后第一个独立审查华尔街的报告。建立 SIPC 后，国会要求进行这一研究。立法者想确定两年前华尔街崩溃的确切原因，以便起草法律防止类似的事情再次发生，但国会最不愿做的事情就是为 SIPC 提供 10 亿美元的最低信贷。

Moss 的小组委员会起草法案建议华尔街进行革新，这样计算机技术一旦允许就可以创造统一的全国市场。在 Moss 看来，计算机将会在交易和记录方面起到越来越重要的作用，计算机在 1969 年已使美国登月成为可能，因此没有理由认为神奇的计算机不能用在提高美国股票市场的效率上。Moss 也希望看到纽约证券交易所（NYSE）、美国股票交易所（AMEX）、NASDAQ 和地区交易所之间展开更大的竞争，他相信计算机最终会变得足够复杂，能建立起投资者与所有证交所之间更好的联系。尽管 Moss 非常有远见，但他没有预期到其他人更没有预期到计算机会变体为强大的桌面 PC 机，每一个技术娴熟的交易者都能操纵市场。实际上，小组委员会的第一次听证会就聚焦在结算室的问题上，因为这是 SIPC 立法产生的，其认为交易的计算机化过程是最终解决办法。

听证会的第一个证人是 Roger Birk，他掌管着美林证券公司的交易结算室，并于 1980 年升为经纪公司的 CEO。

"我们正在讨论如何解决股票证书的问题——细节的东西，我们在了解 NYSE 到底是如何运作的，"Rowen 说，他是 1971 年离开 SEC 加入 Moss 的团队的。"我们知道得越多，John Moss 就越不高兴，因为那是一个垄断的领域。规则 394 说，如果你是一个交易所成员，那么你就必须在大厅完成你所有的交易，即使其他地方如地区交易所有更好的价格。

NYSE 的佣金由股票交易所职员确定，其不受会员公司之间竞争的影响。我们了解得越深入，Moss 就越想做一些事情，"他回忆道。[①] Moss 致力于创造 NYSE 与地区交易所和场外交易市场之间的竞争。

"整件事情的结果是要求 SEC 创造一个系统，该系统将利用现有技术和未来技术，能自动将客户单子传递到能最佳执行的地方。这就是美国全国市场系统的起源，"罗文说。

实际上，一旦设想的中心市场系统成为现实，NYSE 就会被迫废除规则 394。NYSE 专家就必须和地区交易所的同行们面对面直接竞争。

当 Moss 和他的小组委员会起草法案的时候，他反复强调市场竞争的重要性。

"在证券业，曾一度过度强调监管而不是竞争。我们发现重点没有得到保证，"他说。[②] 规则给了 NYSE 实际的垄断地位，这些保护主义措施都将被及时去除。

法案的起草者同时也设想了一个全国的清算和结算系统以避免 1969 年的文书噩梦重演。Moss 的初衷是消除纸质证书，完全并且仅仅依赖电子注册。但是他这个提议没有得到足够的支持。美国钞票公司，一个把钱币生产得非常精美的公司，有很大的政治影响力能够阻止提案。因此，Moss 建议创立美国证券托管清算公司，股票证书将会存放在个人账户上，从一个账户转换到另一个账户时执行电子结算，就像在银行一样。

Moss 和国会也给了 SEC 资金和权力。NYSE 及其他交易所制定的新规则都要经过 SEC 的同意，这点以前从未要求过。虽然如此，Moss 还是偏爱自律，但证券交易所将继续监督它的会员行为。Moss 还曾希望赋予全美证券商协会（NASD）自律权利，但是 NYSE 抱怨这剥夺了它们在国会的同盟；Moss 最后屈服了，因为监管 NASDAQ 场外交易市场的 NASD 对角色扩充并没有兴趣。

26 年后，SEC 主席 Levitt 在演讲中再次提起了 1975 年立法的精神，"它不是植根于正统的一种愿景。相反，而是植根于实际认识的一种愿景，即当不同的市场——交易所、经销商和替代市场相互竞争时，投资者

---

① Author Interview.
② David A. Loehwing, "Rx for Wall Street," *Barron's Magazine*, Septemper 4, 1972.

能得到最好的服务。它是一种愿景，即所有人可见并且可以得到任何市场的最佳价格；它是一种愿景，环绕着它的是竞争目的、透明度、市场联系和最佳执行，但是要留心它们之间前所未闻的紧张……SEC 的目标或功能不是指定一个特别的市场模式，而是根据投资者的需要允许市场力自然作用从而塑造市场。从另一个角度说，国会指责委员会利用了全国市场系统的发展，这始于服务于投资大众的市场基础设施完善所提供的激励。"①

1975 年法案中对投资者最及时、最有益、最具革命性影响的一个建议是 Moss 提出的结束交易固定佣金的要求。

固定佣金是交易所确保专家和经纪人过着舒适生活、其可以到处乘坐快艇的一种方式。在 1967 年和 1968 年的股票超买狂潮中，客户名单激增，使交易量暴增，华尔街许多股票经纪人成为了百万富翁。大约 50%的经纪公司收入是源于证券佣金收入，固定佣金远远超过执行成本。② 客户把费率结构看作固定价格，买卖 100 000 份股票和买卖 100 份股票的每股佣金一样。一些客户对交易所为回报大机构的业务而向它们免费提供昂贵的研究感到恼火，认为在某种程度上他们支付了额外的高额佣金，于是发生了很多诉讼，有些诉讼甚至还打到最高法院。高院裁定客户可以采取反托拉斯行为来反对交易所的佣金结构。而交易所宣称由于僵化的价格体制它们只能给所有客户提供高端服务，而无论客户的大小。如果不是 Moss 把国会拖入这场对抗，其也许还能安然度过多年。对巡查员很敏感的 SEC 倒向了可能胜利的一方，它试图推动交易所自愿放弃当前做法。

墙上用正楷书写着：国会希望变化。在参议院，新泽西州的民主党议员 Harrison "Pete" Williams 从事着类似的立法工作。他不像教条的 Moss，他愿意与企业协商。然而，部分经纪人和交易所对立法者传递给它们的消息草率地视而不见。对它们有利定价的每一个变化，它们都很抵制，其争辩说价格下降会破坏业务，从而引起高质量经纪公司的倒闭，甚至是 NYSE 本身倒闭；由于 1969 年事件——市场低迷和许多公司破产，经纪公司已经大伤元气，只有不足 25% 的 NYSE 会员经纪公司拥有公众客户，

---

① Arthur Levitt, Speech by the SEC Chairman, "The National Market System: A Vision That Endures," January 8, 2001.

② SEC Commissioner A. A. Sommers, Jr., "Thoughts on Approaching May Day," a speech to the University of California Securities Regulation Institute, January 9, 1975.

然而它们的总收入在 1974 年相对于 1972 年下降了 25%。①

监管者指出一些大机构已经在别处开展部分业务以避开高费率。一个所谓的"楼上"市场已经发展起来了，机构之间可以直接进行大宗股票交易从而节约经纪佣金，这是暗池交易渠道的前身。另一些机构则减少了和地区交易所的交易。

监管者关心的是，这些行为正使订单流分散到多个交易渠道，一些交易不在交易所进行，这样就不再透明，散户获得最佳买卖价格就更为困难。1968 年，SEC 说服交易所给予交易量折扣。在多重压力下，1971 年，50 万美元以上的单子不再有固定费率，1972 年，30 万美元以上的单子不再有固定费率。1973 年，低于 2 000 美元的单子不再有固定费率。值得注意的是，1975 年，当 SEC 要求交易所自行放弃所有固定费率时，除一家交易所外全都反对，这全然是赌气。幸运的是，当时的 SEC 主席 William Casey，是更加现实主义的。事情的拥护者，后来成为中央情报局局长的凯西，1972 年，发布报告要求进行一些特别的改变以创造 Moss 和 Williams 梦想的全国证券系统。这可能使立法者不再制定那些令难对付的华尔街俱乐部会员感到生气和挫败的举措。这或许就是为什么 Moss 允许在他的立法中保持交易所一定范围的自律并由 SEC 监管的原因，尽管这种监管比以前要严厉得多。行业的这种自律机制会使市场更具有竞争性和创新能力，相较于高度集权的联邦官僚制，例如强有力的 SEC。Casey 经常重复他的信仰——美国拥有全世界最好的资本配置机制，其应该受到保护，从来不应被反对。②

SEC 在 1975 年 5 月 1 日废除了固定佣金制，那天被经纪人称为"五月天"。

这一特别变化造成的影响是根本的，而且很及时。1975 年 9 月，前投资通讯出版商 Charles Schwab 开创了新型经纪公司，对小客户提供比较大的折扣，不久模仿者就跟进了。Schwab 是小投资者的支持者，它的折扣服务标志着市场收益开始逐步回归。

杰拉尔德·福特总统 1975 年 6 月签署了受 Moss 影响的《1975 年证

---

① 同上。
② Wayne E. Green, "Casey at the Bat," *The Wall Street Journal*, April 12, 1972.

券法修正案》。① 福特注意到该法律存在一些漏洞，比如法案允许对证券交易征收州和地方税，但是他承诺只要修正案一到他就立刻签署。回首往事，该法案仍然有两个重大漏洞。最大的漏洞是在创造全国市场时赋予监管者太多的自由裁量权。由于 Moss 先前的官方经历，为守卫地盘他将一切都贴上绝密标签，这样就可以避免外部审议和推断，他应该已经认识到其着迷于捍卫权利和权威。事实证明，SEC 和其他官僚部门并没有什么不同，SEC 塑造市场的方法笨拙，层层依靠复杂的规则。如果 Moss 活着，他肯定后悔给 SEC 这样大的自由。

另一个漏洞是法案授予 NYSE 太多特许，专家编撰的系统在某种程度上会产生市场碎片，而不是有目标明确的完整的全国市场系统。

由于许多专家既没有资本也没有意愿处理来自机构的大单子而造成交易商问题尖锐化，这样其就转到资本充足的大公司，它们通过尽可能为这些单子寻找交易伙伴而具有经纪人和交易商功能，如果需要就平衡头寸。SEC 委员 Philip A. Loomis 在法案通过后注意到这些。这些类资本充足的公司就构成了所谓的"楼上交易"。

"某些限制避免了这些公司与专家的完全竞争，与自身的完全竞争，这样就维持了一个难得的平衡。因此，我们还不需要全国市场系统，"Loomis 说。然而，他认为由于立法的推动，建立全国市场系统是不可避免的。

"我相信我们应该尽快建立全国市场系统，"Loomis 说。但是关于建立的动力，他说错了。NYSE 是实现其的障碍，SEC 要开始完全执行 1975 年的法案需要 20 年的时间，② 该法案之所以能得以实现是因为另一个市场灾难的发生——1987 年的黑色星期一——闪电崩盘的"先驱者"。

---

① 美国经济已经持续繁荣了数年，因为自由企业制度比世界其他经济制度更具活力和更加成功。资本投资造就了数百万个工作机会和上千个企业。投资系统的成功令人信服地表现在代表我们经济的基本力量和规模的每一个指数上，也表现在和其他国家经济的对比中。

今天，我们的经济面临着严峻的挑战。在接下来的数年中，要求前所未有的新资本供给以恢复和拓展合理的扩张性的资本金基础，并通过企业和政府投资。为了保证我们的资本市场继续公平有效地行使职能以应对这些挑战，我们经常寻找新的方法改善它们的运行。在这所有事情中，我们必须确保 30 或 40 年前立下的法律规则公平地干预现代市场的变化。这个重要的目的必须深深印在脑海中，我高兴地签署了《1975 年的证券法修正案》。

这个法案将对行业和监管者提供重要的指导，以确保建立或废除市场规则的首要考虑因素总是竞争。将继续要求执行重要市场功能的个人和企业具有高水平的财务能力和道德行为。

② SEC Commissioner Philip A. Loomis, Jr., "The Securities Amendments of 1975, Self - Regulation and the National Market System," Joint Securities Conference Sponsored by the NASD, Boston Stock Exchange, and the SEC, Boston, MA. Nov. 18, 1975.

第 12 章

闪电崩盘的先驱者

猛烈的"闪电"来得很突然，着实令人震惊。1987 年 10 月 19 日（黑色星期一）上午 11：40，一股卖潮"淹没"了整个证券交易所，"击溃"了专家。当天收盘时，DJIA 下降了 508 点，这是自大萧条之后下降幅度最大的一天，堪称损失惨重。当闭市的钟声响起时，投资者当日共损失了 1 万亿美元，DJIA 前 10 个月上涨的 800 点也下跌了 63.5%。

两星期前，当机构进行恐慌性抛售时，市场一直在下跌（见图 12.1），但是华尔街分析家依然看涨。在哥伦布发现美洲纪念日那天，DJIA 在前一周下跌 159 点的情况下反弹了 37 点。Kidder，Peabody & Co. 有关人士自信地断言牛市将长期持续下去。①

其他投资专家也是同样乐观。Robert Prechter，《华尔街日报》描述的市场专家，在 1987 年第一期《巴伦》的封面故事中预测 DJIA 将达到 3 600点，他是《艾略特波浪理论家》的编辑，似乎很有先见之明。DJIA 在 1987 年 8 月攀升到当年的最高点 2 722.42 点，一些持相反意见的投资者认为价值被高估了。②

---

① Mathew Rees，"The Hunt for Black October," *The American*，*The Journal of the American Enterprise Institute*，September 10，2007.
② James B. Stewart and Daniel Hertzberg, "The Crash of 87," *The Wall Street Journal*，December 11，1987.

图 12.1　道琼斯指数（1987 年 6 月 19 日到 1988 年元月 19 日）

资料来源：Wikipedia

　　但是，这是由卖出垃圾债券导致资金闲置从而引起疯狂买入股票的一年。这种买入使公司掠夺者、投资银行及投资者大赚了一笔。即使当那个时代最成功的"海盗"——Ivan Boesky 涉嫌欺诈受到年轻律师 Rudolph Giuliani 的指控时，这种购买狂潮的势头也未减弱。

　　分析家将收购热潮以及国外和美国投资者金钱的激增作为预测牛市的基础。[①] 公众急于相信他们的胡言乱语，即使 4 月份利率突然上涨，市场仍继续攀升。而且，八九月份的牛市也使人们忽略了随后的利率增长。[②]

　　至少还有一个恼人的预言：1986 年，NYSE 主席 John Phelan 曾警告，"程式交易"的"爆炸"会引发市场暴跌。[③]

　　"Phelan 预见，资产组合保险和指数套利的联合会导致一连串反应。由于期货交易所公开喊价区大量的抛售，资产组合公司将在计算机的导引下创造库存与期货市场之间的缺口，这反过来又会以购买期货、卖出股票

[①]　同上。
[②]　同上。
[③]　Martin Mayer, "Some Watchdog! How the SEC Helped Set the Stage for Black Monday," *Barron's Magazine*, December 28, 1987.

的形式诱发指数套利。股票交易大厅的套利销售将推动基础资产价格进一步下跌，计算机就会在期货上进行下一轮的资产组合保险，这个过程会一直重复，直到既没有期货合约，股票也不再有任何市场价值。"作家 Martin Mayer 在 1987 年 12 月写道。[1]

Phelan 的可怕预言对投资者没有产生任何影响，他们认为他是一个标准的"勒德分子"（害怕或者厌恶技术的人）。不管怎么说，1987 年的牛市似乎已经证明他是错误的。

整个 1987 年，股票经纪商很冷静地预测市场将会上扬，他们把家庭的积蓄及隔壁轮椅上"老奶奶"的积蓄都投到裸看跌期权中。购买该期权即意味着进行一场可怕的有着极大风险的赌博，如果其市场下跌，则购买合约的人将彻底破产。

当你投资看跌期权时，说明你本质上认同他人的股票价格不低于某个价格。你卖出期权，允许他在到期日之前以协议的价格将股票卖给你，合约对方会支付你一定金额。到期日可以是数月或数天，根据你卖出的期权而定，每个看跌期权都有到期日。

假设某一股票每股交易价格为 40 美元，你相信它会涨到 45 美元。如果该股票下跌了 2 美元，则你可以卖出一个看跌期权允许他人在接下来的 3 个月内以 38 美元的价格卖给你股票。假设你并没有基础股票，那么你就在做"裸"卖。这意味着如果股票价格下降到 30 美元甚至 0 美元，则投资者有权要求你以 38 美元的价格购买他的股票。在这种情况下，你可以事先卖掉合约，但是你必须承担损失，因为你收到的结清价格很可能比股票价格上涨时要低得多。

假定未来市场是牛市，上百个经纪人将裸看跌期权卖给消息不灵通的投资者。一个经纪人在劝说大约 70 个客户采取这种策略却失败后，告诉他们这仅仅是有限的风险，"除非发生原子弹袭击事件，或发生类似 1929 年的崩盘事件"。[2]

在 1987 年的"黑色星期一"，这些"裸"的投资者损失了他们并未

---

① 同上。
② Scott McMurray and Jeff Bailey, "The Black Hole: How Some Investors Lost All Their Money in the Market Crash," *The Wall Street Journal*, December 2, 1987.

真正拥有的几十万美元，许多人被迫宣布破产。Charles Schwab 的一个客户由于资金不足，使公司蒙受了 1 500 万美元的损失；在得克萨斯州，一名 56 岁的四肢瘫痪的妇女失去了她的全部积蓄——35 000 美元；在弗吉尼亚的亚历山大市，研究裸看跌期权的退休公务员损失了其经纪账户的 54 000 美元及另外的 318 000 美元；住在纽约尼亚加拉大瀑布附近的一名退休工程师损失了 500 000 美元，其中大部分曾存在信托基金中以留给他的孙子。①

罗纳德·里根总统和布雷迪委员会，成立了总统特别工作小组以探究 1987 年的崩盘事件，并试图找出原因。之所以被媒体称为"布雷迪委员会"，是因为它的主席是财政部部长尼古拉斯·布雷迪。现在回想起来，1987 年的崩盘和 2010 年闪电崩盘的原因可怕地类似。在 9 个星期内，布雷迪委员会对引起 1987 年黑色星期一的一系列复杂事件进行了全面的剖析，向国会建议要防止类似事件的发生。但是，建议的改革法案并未颁布，因为保持不完美的现状会使里根政府、国会和监管者保持既得利益。

当时跟现在一样，市场并没有被巧妙地整合。不同交易所的不同规则造成现金市场、股票市场、期货市场和股票指数期货市场之间互不关联。和 2010 年的闪电崩盘一样，在 1987 年的黑色星期一，当一个交易所面对汹涌而至的卖者试图放慢交易速度时，其他交易所并没有这样做，这样售卖的压力就会从一个市场席卷到另一个市场。

布雷迪委员会的主要建议是，国会在美联储设立一个超级监管机构以使 SEC 和 CFTC 齐心协力。

"对 10 月市场崩溃的分析表明必须有一个权威机构，能协调一些关键的市场问题——超越市场细分，影响到整个金融系统的问题。这个机构能监督所有细分市场的活动，调停涉及整个市场的事情。对于整个市场和金融系统有影响的特别问题包括：结算和信贷机制；保证金要求；断路器机制，如价格限制和交易暂停；以及监督整个市场活动的信息系统。协调市场的单独机构要有广博而精深的专业知识，这些知识涉及股票、股票期权和股票指数期货市场间的相互作用，也包括所有的金融市场，无论是国

---

① Scott McMurray and Jeff Bailey, "The Black Hole: How Some Investors Lost All Their Money in the Market Crash," *The Wall Street Journal*, December 2, 1987.

内市场还是全球市场。也就是说，必须对整体金融市场有广博的专业知识。"① 然而，SEC 和 CFTC 都不愿把权力交给美联储，不论这样做多么有意义。华尔街没有兴趣去邀请一个新的监管者干涉它的事务，因为它受到 SEC 相当好的训练。至于总统里根，他对这个特别的权力并没有兴趣。这是他总统生涯的最后一年，他已经被其他事务缠得焦头烂额了。他首先关心的是结束和苏联的冷战，同时，和伊拉克的海湾战争也在进行中，里根政府正在审查存、贷款业的崩溃原因。

关键是，无论是华尔街还是监管者，都没有认识到市场系统是如何的脆弱。1987 年 10 月 19 日，仅 3% 的现有股份在交易，但是对交易所和专家来说，这仍然是一个很重的负担。

像闪电崩盘一样，1987 年 10 月华尔街的抛售是由负面经济消息合力诱发的，而 Phelan 预测的脱轨的程式售卖使其进一步加剧。

Prechter 在 10 月份早些时候突然转向"短期"看跌，这令他的追随者感到很不安。国会突然立法控制并购狂潮，而导致了很多的猜疑。商品贸易赤字在增长。10 月 18 日星期天，里根政府成员在早上的脱口秀节目中谈论美元问题。

10 月 5 日②星期一，Prechter 发表不利声明后的第一个交易日，DJIA 下跌了 91.55 点，创造了最大的单日跌幅。市场赞成者说，DJIA 下跌是由和对冲策略相联系的程式交易加剧的，这种对冲策略就是大机构使用的投资组合保险。③

根据布雷迪委员会的调查，投资组合保险策略运用计算机模型决定在各种市场价格下最优的股票现金比例。采取该策略时，经纪人不随市场运动而买卖股票，大多数投资组合保险者通过交易指数期货在他们的客户投资组合中调整股票现金比例。④

10 月 6 日，与 Phelan 前一年的警告相伴的跌价抛售应该已提醒了 SEC 要小心行动，但是由于下跌相当有序，并没有引起 SEC 的进一步

---

① Introduction to "The Report of the Presidential Task Force on Market Mechanisms" (January 2008): vi.
② 译者注：原文为 10 月 6 日，应该是 10 月 5 日星期一。
③ Beatrice Garcia, "A Breast of the Market," *The Wall Street Journal*, October 7, 1987.
④ Report of the Presidential Task Force, 17.

警觉。

10 天后，10 月 16 日，交易量不同寻常地增加，DJIA 一天内下跌了 108 点。New York's Chemical Bank 的利率上涨，财政部部长吉姆·贝克建议政府实施弱势美元政策。投资者担心贝克的建议会"驱逐"有助于提升股价的外币。[1]

在 10 月 14 日星期三和 10 月 16 日星期五之间，DJIA 共下跌了 250 点。大机构投资者开始恐慌。根据布雷迪报告，当市场崩溃时，600 亿到 900 亿美元的股票资产被投资在投资组合保险上。"有两个结果非常显著。第一个是，资产组合保险者在星期三到星期五之间是积极的卖出者。那个星期，他们在期货市场很活跃，星期三卖出了大约相当于 5.3 亿美元的股票，星期四是 9.65 亿美元，星期五则达到 21 亿美元。第二个是，接近星期一时，模型已经发出大量的抛售命令。随着市场下跌 10%，模型指示，最低限度要卖出 120 亿美元（600 亿美元的 20%）的股票。实际上，已经卖出的尚不足 40 亿美元。"[2]

小投资者也开始恐慌了。在 10 月 17 日（星期六）和 10 月 18 日（星期日），众多散户打电话给共同基金公司发出卖出指令（这是互联网之前的时代，直到 2008 年，SEC 才同意共同基金的招股说明书可以通过互联网传递给客户）。Fidelity——当时最大的共同基金公司，总共接到了 80 000 个电话。[3]

10 月 19 日星期一上午 9：30，当 NYSE 开市的钟声敲响之后，卖出者提交了价值 5 亿美元的单子。到上午 10：00，卖出的股票价值 9.75 亿美元。抛售的加剧是 SEC 上年 12 月份规则 10-A 放松的结果。[4] 除了股价报升，该规则禁止经纪公司卖出股票。为尽量满足经纪人的要求，SEC 决定只要公司专用账户有股票，就允许在下跌的市场中卖出股票，且售卖额是指数套利平仓的依据。

1987 年，在 NYSE 大厅进行的证券买卖很大程度上是手工操作的，

---

[1] Mathew Rees, "The Hunt for Black October," *The American*, *The Journal of the American Enterprise Institute*, September 10, 2007.
[2] Report of the Presidential Task Force, 29.
[3] Rees, "The Hunt for Black October."
[4] Martin Mayer, "Some Watchdog! How the SEC Helped Set the Stage for Black Monday," *Barron's Magazine*, December 28, 1987.

由专家处理——当没有其他买者的时候，专家会用自己的账户买入卖单。专家保持着一个有序的记录，一边是买入，一边是卖出。他们为匹配买卖收取佣金，数值可能介于 1 美元的 1/8 到 1/16 之间，这取决于股票价格。在这种交易中，他们感到如鱼得水。但是在黑色星期一，将近 200 个在 NYSE 上市的股票没有开盘，因为专家不能为卖者迅速匹配到买者，卖单实在太多了，他们当然期望买卖能相抵。虽然许多 NYSE 专家为此效力，甚至耗尽了其公司的资本（后来要求其公司合并到更强劲的公司），但是卖出数量实在太大了，他们无法再继续履行义务。一些公司卖出的比买入的多，这进一步加剧了市场崩溃。一些在下跌时买入股票的专家，20 日开市时抬高了股票价格，试图凭借他们在恐慌时买进的股票存货赚得可观利润。市场灾难发生后，NYSE 对 15 个专业公司进行了独立调查，禁止 3 家公司从事该业务。丑闻引起了人们的好奇：机器能否以更少的成本像专家一样工作（专家做得很差）。

但真相是，那天机器运转得并不好。NYSE 有一个初步的电子自动对盘系统，即指定订单转换系统（DOT），交易量总计 2 099 股。单子从经纪人公司转到 NYSE 大厅，并被打印成机器能识别的卡片传递给 DOT 系统，然后由一个职员拿到执行交易的一个专家那里。当交易执行时，专家标记卡片并将其返还给职员，职员再把卡片输入读卡器，确认单子并返给经纪公司。交易所大厅中有 128 个打印员，一般每人每分钟处理 12 条信息。10 月 19 日，由于系统拥堵，执行一个交易就花费了 75 分钟。由于系统严重的延迟，提交订单的卖者收到的价格远低于 1 小时或更早之前交易汇总记录带上公布的价格。

在 NASDAQ 的场外交易市场，其对待投资者更加不体面。那儿的做市商（交易商）面对崩溃没有义务保持股市流动性。那天，一些交易商正式撤出作价买卖，其他的做市商则简单地不接电话，仅剩下散户孤立无援地试图流动他们的头寸或以较低的价格买入股票。

那天，在 NASDAQ 交易的一个受害者是 Harvey Ira Houtkin——一个矮胖的、梳着卷发的套利交易者，他不但记仇而且有复仇倾向。NASDAQ 会为 Houtkin 度过的那天感到懊悔。

第 13 章

高频交易的诞生

在黑色星期一之后的几周内，Houtkin 的一家有着 7 年历史的经纪公司——Domestic Arbitrage Group（该公司为 500 家 NASDAQ 股票作价买卖）的一个大客户损失了很多钱。事实上，该客户的损失超过了 Houtkin 的整个公司的市值。这种来自于一个交易者的损失数额如此巨大，以至于 Houtkin 不得不关闭他所有的 6 个经纪工作室。对他来说，这是一段痛苦的经历，因为 NASDAQ 监管者会放松资本规则帮助那些大的、联系紧密的公司渡过难关，而让他这样的小公司破产。[①]

Houtkin 聪明，而且具有高度的进取心，他追求的不是同情，而是"甜蜜的"复仇。他是一个坚忍的人，有着深厚的学识，有创新意识，这在那"昏暗的峡谷"中是比较少见的。他知道如何与人吵架，因为他出生于一个贫困家庭，并在布鲁克林的羊头湾长大，他的父亲是一名做假肢的技工。[②]

Houtkin 受到父母的鼓励，寻求机会以过上比他们更好的生活，他后来被纽约城市学院录取，于是希望成为一名牙科医生。然而 1967 年，展现在他眼前的却是另外一片天地。由于钱不够用，他找了一份兼职，为一

---

① Gretchen Morgrnson, "Outside Trading: Regulatory Heat Is Nothing New for Harvey Houtkin, The Day Trading Guru," *National Post*, Ontario, Canada (August 20, 1999): C9.
② 同上。

个华尔街投机者当助手。工作了一段时间之后,他决定把自己的未来赌在华尔街上,而不是终日在一个牙医工作室里拔牙。Houtkin 把主修课程转为商科,并在大学毕业后继续攻读 MBA。

从 1973 年开始,Houtkin 在很多公司工作过。这正是华尔街的萧条时期,因为当时还处在 1969 年崩溃的熊市的阴影下。他把这段时间当作继续教育期。大概在 20 世纪 70 年代中期,他为公司蓄意收购者 Carl Ichan 和 Asher Edelman 工作,这激发他要开创自己的公司,1979 年他就这样做了。

Houtkin 拥有足够的经验和智慧,知道在 NASDAQ 系统里为场外交易股票做市的都是骗子。他们经常报出一个优惠价格,然后,当某个交易者通过电话与他们联系使其发出单子时(这是以往做生意的较好方式),他们就会说价格已经变化了。

自 1984 年起,NASDAQ 就安装了电子交易系统,以便保护小额投资者,他们通过瞬间执行向达到 500 股的注册经纪人传递单子。小单子执行系统(SOES),使得做市商难以通过电话以玩诱饵的手法进行掉包。然而,很少有人使用 SOES,主要是因为很多客户不知道它。黑色星期一之后,全美证券商协会(NASD)对那些在市场跳水时不能进行交易的客户的刺耳抱怨做出了回应(因为做市商有义务提供有关公司报价的规则)。在新的管理体制下,如果单子经由 SOES,则做市商有义务列示报价,在其不多于 1 000 股的情况下,即使价格已经发生变化。[①]

Houtkin 的希望破灭了。作为一个交易者,他留着修剪整齐的褐色胡须,戴着飞行员式的眼镜,他从 NASDAQ 那些做市商那儿探查赢利机会,但当价格变化时,这些做市商更新 SOES 报价的速度较慢。在其姐夫的经纪公司里,他开始运用 SOES 抢先在那些最慢、最缺乏组织的做市商之前交易。Houtkin 赚了几十万美元,因为大多数做市商追求一次性处理几十个交易,他们把大部分精力集中在大机构的大宗交易上,这是他们佣金的主要来源。做市商通常对交易量小的股票的报价更新较慢。许多做市商根据较早的 SOES 进行终端交易,其不像在新模式下能迅速更新价格。由于

---

① Jerry W. Markham, *A Financial History of the United States*, *Volume III* (Armonk, New York: M. E. Sharpe, 2002): 185.

Houtkin 的机器较快，他可以通过反复试验和合法的抢先交易知道谁是最坏的做市商。简而言之，一些通过电话欺骗客户的做市商现在被 Houtkin 除掉了，因为他们马虎且无效率。[1]

不久，Houtkin，这个总是敢于想象的小个子开创了自己的日间交易公司。在开展业务时，他更像一个负有使命的人，而不是一个企业家。Houtkin 是日间交易的"说客"。一个曾采访过他的新闻记者说："只要有听众感兴趣，他就会谈论日间交易，即使听众已经听了很多遍，他还是会喋喋不休地讲。"他培训散户如何用 SOES 进行日间交易，并从中收取培训费，他还写了一本有关该项目的畅销书。他是一个精明的推销者，曾吹嘘他的"学生""毕业"后通过日间交易每年能赚 250 000 ~ 300 000 美元。他在广告中说道："我的大部分客户事实上已经在交易社区获得了前所未有的成功。"[2] 根据法庭记录，他本人在 1988 年 3 月到 8 月间除了 100 000 美元的培训佣金外，还赚取了 200 000 多美元的其他收入。[3]

场外市场交易商（OTC）恨透了 Houtkin，因为他在侵吞他们的利润。他们诋毁地称 Houtkin 及其客户为"SOES 强盗"，甚至试图让 SEC 禁止他使用 SOES，但是失败了。

Houtkin 炫耀说："经他培训过的普通的 Janes 和 John 也能轻易地赚到钱。"这招致了州和联邦监管者及国会议员的反感。2001 年 7 月，由于发布误导性的广告和监管违规，NASD 对 Houtkin 的一家位于新泽西蒙特费的日间交易公司 All-Tech 罚款 380 000 美元。一个月之后，NASD 仲裁小组裁定赔偿圣地亚哥的 6 名客户 456 719 美元，他们声称由于受到广告欺骗而被引诱进行日间交易，且由于不合法的保证金贷款，他们损失惨重。Houtkin 的名誉也曾受损，法庭文件显示 1998 年 Houtkin 的日间交易账户损失了 392 000 美元，而其源于客户的佣金和费用则使其赚取了数百万美元。对他的王国的最大打击是，1999 年一个日交易客户由于在另一个日交易公司损失了 500 000 美元而大受打击，竟在 All-Tech 的亚特兰大工作

---

① Thomas G. Donlan, "Terrors of the Tube: Computerized Traders vs. Market Makers," *Barron's Magazine* (November 7, 1988): 13.
② Gregory Bresinger, "NASD Hammers Controversial Day Trader," *Traders Magazine*, July 1, 2001.
③ 同上。

室枪杀了 12 个人。几个月后，Houtkin 仍然在兜售他的日间交易，尽管是以较少的华丽语言。他在俄克拉荷马的塔尔萨告诉记者，日间交易不会让使用它的每个人变得富裕起来。但是，他说，至少他们有机会变得富裕，他抱怨华尔街的大公司正控制着小投资者。

Houtkin 的口气听起来像 Huey Long，他说道："我们惹怒了那些精英。我们有许多人——在乡村、在塔尔萨、在中美洲——和华尔街、芝加哥和圣弗朗西斯科的那些大亨们竞争。"他说，那些大亨们在对他和他的 SOES "强盗"说："这是我们的游戏，滚开！"

Houtkin 咆哮道："那不是他们的游戏！"①

NASD——一个被俘虏的监管者，数年来不断烦扰 Houtkin，试图寻找他违反交易规则的事实。NASD 曾禁止他从业 6 个月。后来，他激动地对采访者说："他们的行为让我对他们很鄙视。"②

他决定再次进行复仇。没有人能阻止 Houtkin。

除 SOES 以外，OTC 的经纪人还有另一个电子交易系统——订单确认交易，即 OCT。一个交易者的经纪人会通过 OCT 发送计算机信息给做市商以便进行交易。这个系统不像 SOES，就做市商而言，它是自发的，做市商不必兑现公告的价格。当 Houtkin 使用该系统的时候，做市商不是完全无视他的单子，就是违反 SEC 规则，人为地增加买卖价差。Houtkin 提出了近 200 个反对做市商"倒退"的投诉，但是没有什么结果。

Houtkin 向记者抱怨，这最终成为《洛杉矶时报》的消息来源，后者进行的关于 OCT 的一系列调查支持他的建议。这引起了司法部门的调查。1994 年，Houtkin 得到了两个教授的帮助，即俄亥俄州的 Paul Schultz 和范德比尔特大学的 William Christie，他们对整个 NASDAQ 市场进行了统计研究，结论是价格被操纵了。1996 年，司法部门正式指控主要的 OCT 交易商数年来一直操纵价格，通过保持 1/4 的价差（而不是像其他市场那样价差为 1/4 或 1/8），以及使用电话压力战术使在线同行遵守约定。首席检察官 Janet Reno 说，做市商操纵了消费者口袋里的数百万美元，司法部门要求所有的 NASDAQ 会员企业监督在 OTC 工作的交易员的电话交谈内

---

① Shaun Schafer, "Day Trade Advocate Defends Democracy," *Tulsa World*, October 14, 1999.
② Morgenson, "Outsider Trading."

容以确保他们不再使用固定价格或做出其他非法行为。

大声疾呼的 Houtkin，于 2008 年 10 月于扁桃体手术后去世，享年 58 岁，他引发了一场革命。

丑闻发生之后，SEC 决定进行市场改革以保证散户买卖证券时能够获得最佳价格。1998 年，一些大的电子交易渠道，如自动交易系统（ATSs），要求对散户开放并公告价格，做市商和精选的机构客户在那儿可以以比 NASDAQ 市场优惠的价格进行大宗股票交易。

华尔街的人们曾认为现有的市场结构是非常适合交易的。从"食物链"的顶端看，NYSE 和 NASDAQ 是非常好的散户市场，ATSs 是很好的"批发市场"，机构投资者在那儿能进行大宗交易，而无需改变价格。但是，SEC 主席李维特并不喜欢他所看到的，尤其是 NASDAQ 做市商有关固定价格的丑闻。在他的印象中，这是一个双重市场，机构投资者有太多的价格优势。

"Arthur 经常会有固执而古怪的想法，有些时候这些想法是错误的，他是一个民粹主义者，"一个资深的华尔街经理说。① 李维特决定让每个人以批发价进行购买。从现在开始，一个投资者的单子将会路由到最佳价格的交易渠道。这是一个意义深远的决定——一些法律学者后来认为这是一个 Moss 要求避免过分监管的例子。市场将会以李维特不能预测的方式变化，但不一定会变得更好。

NASDAQ 同意在公共显示牌上公布所有交易商价格和受影响的 ATSs，如流行的 Instinet ATS。SEC 预计，这会解决交易商所面临的问题中最艰难的部分，因为现在他们必须通过更好地为股票定价来和 ATS 竞争交易量。新管理体制的有关规定激怒了机构投资者，尤其是共同基金。这时，一个新生的交易者悄然出现在股票市场上，它就是对冲基金。其喜欢抢先交易机构单子，这就是为什么机构起初一直在楼上人们看不见的地方交易，现在却成为具有计算优势的对冲基金的无防御能力的"捕食对象"的原因。对冲基金已经开始使用模式识别软件，它能定位某一证券的大量买卖，以 60%～80% 的精确程度预测某一证券在随后的几个交易中上涨

---

① Author interview in July 2010.

或下跌的幅度，这样对冲基金就有能力跑赢市场。其最好能在目标股票定价低的交易所买入股票，到 Instinet 或另一个 ATS，以算法预测的较高价格卖掉股票，因为对冲基金能探测出大型共同基金正在该市场买入股票。

不久，NYSE 和 NASDAQ 的共同基金经理就开始抱怨：由于李维特的干预，市场成了一个"动物园"。等他们通过 Instinet 输入买卖单子的时候，经常会由于价格错误而不能成交，也就是说，他们为太少的价值支付了太高的价格。李维特所采取的希望保护大量小投资者的规则都对机构交易者不利。最终，散户也会受到伤害，因为散户是共同基金的最大购买者。

李维特所拥护的 SEC 规则，即 ATS 规则，存在一个巨大的漏洞——不能完全关闭楼上交易。也就是说，一旦 ATS 突破了一定的交易量门槛，它就要对散户开放，而这个门槛是不设限的。为共同基金服务的主办人如果开始用 ATS 进行交易，而且保持交易量很小，不会突破门槛，那么他就可以生活得很好。但这样就会产生暗池，这是一个基金经理至少能执行部分交易的地方，而对冲基金及其量化交易者则不能在此交易。Dan Mathisson，Credit Suisse 的常务董事，在 2008 年 6 月的《交易商》杂志专栏中写道："SEC 最初发布的规则解释说 ATSs'有义务为投资者提供公平的机会使其能够进入市场系统'，并定义了一系列'公平准入'规则。"但是，在 ATS 规则中的公平准入规则是缺乏构想的，可能称之为'无准入'规则更为精确。该规则声明，对于任意过去 6 个月中的 4 个月的交易量超过 5% 的个股，ATSs 必须对公众开放。在这个很高的限制标准的顶端是一长串的豁免，包括莫名的豁免任何系统定价在中点的 ATS。即使在某只股票上 ATS 达到了 5% 的限制标准，在实际中交易者也不能成功进入。

Mathisson 指出，不存在监管者维护的网站或数据库能够列出在给定月份向公众开放的暗池。他说，众所周知，ATS 未曾超过限制标准。可是话又说回来了，如果超过了怎么会告诉其他人呢？如果一个交易者发觉给定的 ATS 对公众开放，则他必须通过谈判签订合约，专线运行，并建立账簿和结算系统。

"到你准备交易的时候，股票的公平准入期早已经过去了，"

Mathisson 写道。

大多数 ATSs 会低于 5% 的门槛，但这反过来意味着在暗池中没有足够的能力以这种途径交易机构里的所有股票。显然，这是发财的绝佳机会。交易者开始突然出现在暗池 ATSs 中。李维特试图统一的市场开始分裂。

还有很多市场会被细分。除了暗池，电子交易网络（ECNs），如突然出现的 ARCA 和 Island，也特别适合"SOES 强盗"。最终，NASDAQ 自身建立了被称为超级蒙太奇的电子交易网络，和所有的新电子交易渠道展开竞争；否则，新的竞争者将"吞噬"NASDAQ。[1]

随着细分市场的增加，交易所的交易量锐减，做市商失去了大量的业务，仅仅能够维持生存。李维特给予的惩罚对于许多做市商来说，简直就是死刑判决。最终证实这种未曾料到的结果极大地破坏了经济，造成数十万人失业。

强劲的 NASDAQ 市场首次公开募股时就开始萎缩。Grant Thornton 的 David Weild 和 Edward Kim 在 2010 年的文件中说，李维特的市场干预直接破坏了创新性强的新公司的首次公开募股。在 20 世纪 90 年代，NASDAQ 一直是创新高科技公司设立的主要孵化器。羽翼未丰的公司雇用了数十万人，使得美国经济持续繁荣增长，来自于蓬勃发展行业的税收有助于克林顿总统平衡预算。但是，李维特的改革使得 NASDAQ 做市商的买卖差价迅速下降了 30% 多。做市商逐渐被高频交易者替代，后者是不断重复 Houtkin 的"SOES 强盗"。1997—2009 年年底，公开上市的公司在交易所的股票交易量下降了 40%；同时，高频交易公司的活动呈几何级数增长。Weild 认为这并非偶然。2010 年 6 月，在 CFTC-SEC 联合顾问小组关于新兴监管问题的声明中，Weild 指责高频交易导致了新的系统风险，使投资者失去了信心，造成在美国原始的 IPO 资本形成和上市公司数量的急剧下降。

Weild 指出一场经济危机正在酝酿。"今天的市场结构已经失去了支持小公司发展的能力，且无法进行能以必要规模推动美国经济发展的初次

---

① Author interview with Robert Colby.

公开招募。美国现在每年取消上市的公司数是新上市公司的两倍。这种趋势自开展电子交易以来一直在持续，"他说。

Steve Wunch，创造了最早的电子股票交易所。他说，李维特的明确愿望是击败做市商，因为他相信做市商"在饼干罐里偷饼干"的时候会被逮个正着。当时，做市商是 NASDAQ 系统的核心。新规则迫使 NASDAQ 修正旧的业务模式，而一旦这样做，就会破坏它先前的一些功能。

"现在，我们正在失去资本形成，而这正是 NASDAQ 所做的。自 1997 年开始实行的订单处理规则，就停止了资本形成，而且缺乏资本形成的替代方式。20 世纪八九十年代兴起的大公司和高科技优势已经逝去，"Wunch 说。

结果，美国面临大量失业。Weild 和 Lee 开始到处游说，希望设立初次公开募股的独立市场，那儿有较大的价差和较高的佣金以便恢复由交易商和专家提供的股票交易支持。换句话说，这将是一个不受李维特的"改进"影响的市场。

2000 年，李维特的 SEC 给了做市商和专家另一重击，它要求自 2001 年 4 月起，所有的交易所开始以十分位数定价股票。这意味着对于交易量大的股票，其所报的价差将从过去的每股 12.5 美分缩减到每股 1 美分，这会使很多做市商停业。但是，这种变化对大、小投资者而言却是好事。到 2002 年，散户报告其交易成本降低了 50%。

NASDAQ 的专家留给许多交易者一个棘手的问题。1975 年的"交易路由规则"依然有效。如果竞争交易所公告更好的买卖价格，那么该规则就要求交易所将客户的单子传送到竞争交易所。NYSE 和美国股票交易所（AMEX）的专家经常提供更好的价格，尤其是对交易所交易基金（ETFs），这类基金日益盛行。但是，投资者在证券买卖汇总记录带上看到的公告价格并不是其收到的价格。专家有 30 秒的时间来回应单子，通常价格在这短暂的时间内已经上涨或下跌了。

对于电子交易商来说，30 秒的时间却是永恒的。一些人正执行复杂的对冲策略，对他们来说，对冲时机是最重要的。因此，这些交易者愿意在完全电子化的交易所快速地执行他们的单子，即使价格比在 NYSE 及 AMEX 的公示的最佳价格稍微高一些。

Island 的电子交易平台（ECN）是 Daytek——一个日间交易公司的副产品，通过忽略交易路由规则而受到计算机交易者的欢迎。它认为给客户提供"最佳执行"是它的诚信责任，有时最佳执行即意味着最快执行，而不是以最低价格执行。SEC 欣赏这种特性，为 Island 提供了折衷条件：允许 Island 通过 AMEX 和 NYSE 进行交易，如果它能为客户提供竞争交易所的 3 个百分点之内的价格。Island 认为这是一个正确的方向，但仍然认为 SEC 并未走得足够远。本质上说，交易路由规则为老的交易所提供了不公平的竞争优势。所以，Island 声称与其遵照这种反竞争规则，还不如变成暗池。Island 随后走向暗池，在这个过程中其损失了 1/2 的交易量。

前 SEC 委员 Paul Atkins 说："由于交易路由规则的反竞争性，Island 拒绝进入全国市场系统，业内就此产生了激烈的争论，SEC 面临着政策困境。ECNs 认为，交易路由规则是反竞争的，它保护人工交易量。交易所则认为，交易路由规则对避免投资者执行劣势价格提供了重要保护。最终，一些投资者希望能自由地决定如何及在哪里执行交易。"①

Island 的反抗使 SEC 重新考虑交易路由规则，推进规则 NMS（它在 2005 年被采纳）。这是"傲慢"的监管历史上最差的例子。当 SEC 精心制定 NMS 规则时，它采用的笨拙的"我们知道最好"的方法将会扭曲股票市场，这样就会使长期投资者变得很不安全，却给高频交易者留下一个广阔的舞台。

正是 SEC 委员 William H. Donaldson——前华尔街执行委员，最终批准执行了全国市场系统，该系统是由国会命令 SEC 建立整整 30 年之后才执行的。SEC 职员使 Donaldson 确信计算机技术已经达到了能够设计出可操作的、完全集成的交易系统的程度。但是，俄亥俄州的法律教授 Dale Oesterle 在 2005 年的挑衅性文章中指出，SEC 起草规则时超越了国会的初始要求。Oesterle 写道：国会从未希望 SEC 事必躬亲地参与到全国市场系统中来。然而，这正是从李维特开始就一直在做的事情。

SEC 委员 Cynthia Glassman 和 Paul Atkins 反对通过规则，后来采取了不寻常的出版"44 页异议"的方式。他们在向监管者抗议时写道：规则

---

① Paul S. Atkins, SEC Commissioner, "Speech Before the Boston Securities Traders Association," March 9, 2005.

对于竞争和创新是有害的，许多政策的变化是恣意的。他们有先见之明地警告SEC，一旦构筑了复杂的市场系统，将会产生意外后果。但是他们是共和党派，而Levitt和其他委员则是民主党派，他们相信共和党同僚在玩弄政治手腕，从而故意忽略了他们的抗议。

规则NMS强迫所有其他交易渠道如Island和Instinet，像交易所或经纪人一样进行注册。面对电子时代的到来，它采用新的交易路由规则：如果交易所在1秒钟内反应，你就不能通过最低公示价的交易所进行交易。

"奇怪的是，NYSE却支持这一点，"当时还在任的前SEC官员说，"这真是一个糟糕的变动。"

原因是NYSE必须变成1秒钟内能够做出反应的电子交易所。在NMS规则生效后不久，在NYSE上市的股票的交易量从80%下降到25%。

交易量的下降反过来为闪电崩盘埋下了隐患。一个重要原因是除SEC外，无人有权暂停有关某一股票的所有交易。期望SEC执行这一权利的各种原因都是不切实际的。当然，主要的原因是SEC并没有装备可以监测每日交易活动的设施。

当NYSE拥有80%的交易量时，市场暂停不是一个问题。如果NYSE宣布某一股票暂停交易，则一切都会暂停。因为其他交易所如果不跟进，就会出现买卖单子过多而无法承受的情况。但是当NYSE的份额下降到25%时，就不会有任何一家交易所继续跟进了。然而，SEC并不理解这一点。市场产生的巨大变化使监管机构引以为荣，它以相当乐观的态度看待结果。

这样由于监管者的傲慢，在自由市场中存在着"委员式干预"。当5月6日人们疯狂交易股票的时候，没有人知道该如何制止。

第 14 章

邪恶的天才？

对于高频交易者来说，不存在特别的瞬间。一个典型的专业工作室里往往配有一些电脑工程师、一些数学家、物理学家和几个老道的交易员，他们中的许多人是在芝加哥商品期权交易所或纽约大银行的专门交易桌前推推操操，以及在声嘶力竭的喊叫中逐渐成熟起来的。

高频交易者的共同偏好是喜欢隐蔽的生活。他们喜欢生活在阴暗的地方，而不是众人瞩目处，因为他们要小心翼翼地保护他们的交易秘密，就像垂钓者保护他们喜爱的钓鱼地点一样。现在，紧跟着闪电崩盘，宣传的焦点集中在他们的居住地，人们不停地指责他们，因此，他们决定尽力反击。高频交易者相信公诉人受到了严重误导，他们的行业正经受着严酷的审判。像 Arnuk 和 Saluzzi 这样的爱嫉妒的竞争者，正在利用规则保护他们的生计，使其免受更有效率、技术更领先的高频交易的影响。虽然许多指责针对高频交易者，但是没有人能指出高频交易算法的哪一行代码表明他们操纵了市场。1997 年，SEC 更改了市场规则，2005 年，SEC 再次进行了更改，高频交易者则只是简单地希望能够利用这些变化。现在，他们却因具有创造性而受到攻击，就像马车时代禁止 T 型汽车在主要街道行驶，因为担心新机器会吓到马匹一样。

进步总是给经济的某个部分带来威胁。19 世纪，在大不列颠，被称作勒德分子的纺织工匠为了保护以家庭为基础的手工纺纱业，不惜烧毁使用织布机进行大批量、低成本生产的工厂。同样的事情在华尔街也发生过，在那儿计算机能比人工更快、更聪明地进行交易。

大多数高频交易者希望争论停止，以便他们能集中精力赚钱，因为华尔街有大量的钱可以赚。一个高频交易者爆料，他的专门交易公司每天仅仅在较短的时限内买卖股票，年收益率就可以达到 300%。高频交易公司确实每天都在赚钱。例外的情况是，当公司采用了未经测试的、发现市场无效定价的交易算法的时候，常常会突然出现一些未预期的小毛病，这会耗费公司的成本（直到将其调整好）。但这正是进行这类业务所需付出的成本。

尽管高频交易者觉得自己品德高尚，但这并不是充足的抗辩理由。一些高频交易者对华盛顿特区很熟悉，能够意识到将面临的威胁。笨拙的政府很信赖证券和商品市场系统的管理者，相应的公司和相关利益者就会试图操纵国会和监管者以竭力维持他们的竞争优势。传统的市场参与者与监管者和国会有着长期稳定的关系。对高频交易公司来说，政治上的不活跃会招致一些反对者拉拢政府而使其遭殃。所以 2010 年夏天，高频交易公司开始努力改善和资金雄厚的美国期货行业协会的公共关系，后者影响着商品市场的交易。在此期间，一些高频交易公司的所有者通过进一步努力成为了其所在行业的辩护者。

得克萨斯州奥斯汀的 Richard Gorelick 是一个高频交易者，他决定不再匿名，而是保卫高频交易行业。他机敏而有风度，是出任大使的极好人选。他喜欢交际，喜欢成为万众瞩目的中心。在 SEC 和商品期货交易委员会（CFTC）所主持的几个项目中，他很乐意作为行业代表出现在华盛顿特区。

天性温和的 Gorelick 认为自己是一个"再生律师"。在 20 世纪 90 年代，他从纽约一个大律师事务所跳槽到一个初创的互联网公司 Deja. com——这是一个购物网站，他在那儿做企业顾问，开始扮演他所喜欢的管理者的角色。2000 年的时候，在 Deja. com 初始公开募股之前，技术泡沫即已破灭，于是其将购物服务卖给了 EBay 公司，然后新闻组再搜索档案将其出售给 Google。① Gorelick 花费了 6 个月的时间咨询和考虑不同的职业选择。在当时的状态下，他曾一度和以前的同事 Robbie Robinett 使用复杂的计算机交易股票，Robinett 在物理学方面具有很强的背景。Mark Melton，专门从事机器学习方面的软件开发，是 Robinette 的骑友，不久之后也加入了他们。他们都没有交易经验，也不认为自己非要有这种经验。他们猜想如果人们能通过在股票图表上画线和在交易大厅喊叫赚钱的话，那么他们能够用更科学的方法做到这一点。随着市场日益由计算机所驱动，他们预测用科学方法赚钱的机会将大幅增加。因此在 2001 年，Robinett、Gorelick 和 Melton 组建了 RGM，并在位于得克萨斯州奥斯汀的 Robinett 家的客厅里进行运行。他们第一次向市场进军赚取了 17 美元，随后他们一直在运行自己编写的根据股票间统计关系套利的程序。② 一年之后，他们开始租用工作室并招聘雇员。

成立这个三人组合是很有远见的，因为它在 NMS 规则发布之前 4 年就已经存在了。该规则的通过不经意间催生了大量新交易所和交易渠道及细分市场，而这些为高频交易者创造了更多的套利机会。到 2010 年，RGM 在它的网页上炫耀它雇用了"一百个专业人员，包括软件开发人员、信息技术人员及计算机、物理、化学、统计、生态领域的科学家"。

Manoj Narang 是另一个高频交易者，其也挺身而出保卫这个受困的行业。他的工作室比较简陋，位于新泽西州雷德班克宽街 54 号的五金制品店铺的上面，雷德班克是纳瓦辛克河岸的一座海滨城市。Manoj Narang 的确发起了仅靠一个人针对公共关系所做的努力来揭穿 Saluzzi 和 Arnuk 的恶行的运动，他认为他们要么是无知的，要么是在故意欺骗。

Narang 认为市场是不完全开放的，但事实并非如此。他还认为监管使市场变得更混乱。但是，他冲把这所有问题都归咎于高频交易的人发火，不论这些问题是有关波动率的，还是有关闪电崩盘的。

在 Narang 的记忆中，带有恐慌情绪的长期投资者同时蜂拥到市场出口，引发了闪电崩盘。他们在过去也引发过类似的崩盘，将来也会。这是

---

① Kambiz Forohar, "TradingPennies into $ 7 Billion Drives High-Frequency Cowboys," Bloomberg. com, October 6, 2010.
② 同上。

市场中无可争辩的事实。在他看来，是高频交易者阻止闪电崩盘变成一个真正的灾难性事件，市场之所以在 5 月 6 日反弹是因为高频交易者开始买入。

Narang 皮肤黝黑、身材颀长、长相英俊，说起话来声音深沉、洪亮。他留着乌黑的头发、山羊胡子，偶尔可以看到一根半根的"银丝"。他待人友善，有耐心，性格坚强，具有演讲天赋。他曾在工作室悬挂一个白板，当他试图说明他的观点时，会使用它。

自 1991 年在麻省理工大学获得数学和计算机科学的学士学位后，Narang 开始在第一波士顿的自营部门工作，从事统计套利。他希望工作是暂时的，因为他计划大约一年之后返回学校攻读数学博士，但是却受到了华尔街小人的"陷害"。Narang 发现他喜欢交易，因此他交易从国债到证券的每一种产品。在接下来的 8 年里，他曾为华尔街的许多大公司工作，包括高盛。在高盛工作时，Narang 决定着手开创自己的公司。他发现了一个没有人在做的市场利基——这是一个可能获利，并且很可能可以提供公共服务的机会。因此在 1999 年技术泡沫最严重的时期，Narang 成功地从一些投资银行那里筹措到资金，开办了位于曼哈顿的派克大街和 27 号大街的 Tradeworx 公司，为在线的散户经纪人提供复杂的算法决策工具。

当时，在线经纪人的行业是新兴行业，然而他努力改变着经纪业务，并用了大约一年半的时间，拿到了零售市场 40% 的股票单子。

"我认为一方面它非常令人兴奋，另一方面它也非常危险，因为所有人都有新途径进入市场，也有新途径得到信息，"Narang 回忆道。"它是一个大的公平竞争平台。但是我尚不清楚人们是否有能力处理所有的信息。Tradeworx 致力于创造一套投资决策支持工具，在投资的每一阶段，其都会为人们提供帮助，从投资选择和创意产生，到两资产组合设计，到执行交易，再到你能说得出来的所有阶段，"他说。[1] 他为散户提供新技术，把自己看作市场中新技术应用的推广者。

Narang 的业务模式沿袭了 Google 的方式。屏幕背后有着可以驱动这

---

[1]　Interview with the author, September 28, 2010.

些工具的复杂机制，但是所有这些使用者对此并不知情，他们只能在自己的计算机屏幕上看到简单的交互界面，例如可以双击的图标。

最受欢迎的工具是投资者能用它计算出买卖某一股票的最好限价的这样一种工具。他讲述了一个商人在开会之前下 IBM 订单的例子，会议大约需要 1 个小时。该商人不想购买目前价格下的股票，他想讨价还价——以较低的价格购买。但是，他希望在回工作室的时候，至少能有 80% 的概率执行该单子。如果在过去，他只是简单地随口说个数字，散户们就会一直这样做，但是这样很没有效率，因为普通投资者对股票价格从目前的公告价位上涨或下跌并没有什么见解。他也不知道在一定的时间范围内如何计算报价概率。但对于一个精心设计的计算机算法来说，这是一个简单的问题。因此，Tradeworx 工具将精确地告诉这位商人在他要求的时间范围内的最好价格。该工具摈弃了普通投资者决策的臆测性——无论是市场指令，还是限价指令。

工具发布在 CNBC. com 和 AOLfinance. com 网站的主页上。主要的在线经纪公司无论任何时候只需向 Tradeworx 支付 10 美分，它的客户就可以点击其中任何一个工具。在发布在互联网上的最初 6 个月中，限价指令计算工具被使用的次数就超过了 2 000 万次。

Tradeworx 有几十个类似这样的独特而富有创意的工具。几年来，SEC 一直为自己的网站购买其中一些工具，包括风险保证金算法，它是用来计算一个投资组合收到保证金通知的几率，并建议某一交易减少 10% ~20% 的几率的这样一种工具。

由于使用 dot-com 创业，Tradeworx 在早些年里收不抵支。当"9·11"事件发生的时候，由于资本市场停业，Tradeworx 未能筹措到新的风险资本。Narang 决定运用新的技术在市场赚钱以使年轻的公司能生存下去，因此 Tradeworx 变成了一个对冲基金，后来，它开始着手高频交易业务。

Gorelick、Narang 和其他高频交易行业的辩护者认为，他们的交易改善了市场，尤其改善了证券市场。散户曾一度受到华尔街专家的过度欺骗，交易所的这些专家人为地保持着证券买卖的较大价差。现在，散户们正享受着市场历史上最低的交易成本，股票交易最经常的价差是 1 美分，佣金也是前所未闻地低廉，客户的单子现在在数秒内就能执行，因此不用

担心在下单子和找到买家或卖家的时间段内市场会偏离公示价格变动。高
频交易的发言人也运用委托的学术研究"证明"了高频交易者通过带给
交易所新的流动性从而减缓了市场波动性,而不是像批评者指责的那样加
剧了波动性。

关于股市的闪电崩盘,Narang 认为 SEC 创造了过于复杂的市场系统,
如果它再起草许多意在控制高频交易行为的新规则,则会加剧问题的严重
性。SEC 最好废除在 1997—2005 年之间采用的某些规则,而不是增添新
的规则使市场变得更加复杂,因为这会增加股市崩盘的可能性。

Gorelick 把对行业的攻击看成是怪人和疯子在发泄情绪。任何不断抱
怨市场结构的怪人都会判定这一特别令人难以忍受的问题是导致闪电崩盘
的根本原因。一些怪人责备残酷的算法几近疯狂,另一些人则说总之高频
交易是一个问题。在闪电崩盘的背景下,Gorelick 说,每一个怪人都把他
的牢骚变成了一个让人牵肠挂肚的充满戏剧性的故事。

高频交易者承认,在他们当中可能有一些坏人,这些坏人几乎在任何
行业中都能找到。但是,尽管如此,高频交易者坚持关于操纵市场的谴责
是没有事实根据的。

高频交易行业之所以形象不佳,大部分是因为在华尔街或华盛顿特
区,很少有人能真正理解高频交易者的所作所为对于市场和整个经济的价
值。高频交易是不透明的,且缺乏监管。没有人能准确地说出究竟存在多
少家高频交易公司,其共交易了多少金钱。我们仅知道,自 2007 年开始
高频交易的扩张速度比澳大利亚内陆兔子的繁殖速度还快。

行业数据是不可信的。2009 年,假定高频交易公司占美国 20 000 家
交易公司的 2%,即大约有 400 家,但是在其中进行的交易占据了整个美
国股票交易的 73%。Tabby Group,一家为高频交易行业服务的咨询公司,
估计它的合并年利润大约为 210 亿美元。[①] 一年后,Tabby Group 估计,大
约有 150 个高频交易公司在交易美国股票,其总利润达到 56 亿美元。

Narang 认为,美国证券每年的高频交易收入介于 20 亿~30 亿美元之
间。他在 2010 年 6 月的《高频交易评论》中说,如果一个典型高频交易

———————

① Rob Iati, "The Real Story of Trading Software Espionage," *Advanced Trading* Magazine, July
10, 2009.

的每股利润为 1 美分，乘以高频交易的日交易量（大约为每天 10 亿）[①]，那么每年的利润将会达到 20 亿美元。

Narang 抱怨说："一些公司，如 Tabby Group，通过一般的交易算法扩展高频交易的定义，从而夸大了高频交易的年收入数额，但它并没有考虑交易者的实际持有期。Large Stat-arb 公司[②]持有头寸数天，但它不是在从事高频交易。根据定义，如果你持有那么长时间的头寸，那么你就不是高频交易者中的一员，你不需要超级快速的技术在机会消失之前捕捉到它们。"

Narang 对高频交易的定义比较狭义。

一般而言，高频交易者都是一些大公司，如 Getco 和 Tradebot Systems。Getco 是作为 NYSE 的一个专业公司注册的，由此它的竞争对手相信这使监管者相信所有的高频交易公司从事的做市活动是在 SEC 登记过的，并坚持严格的资本标准，这种变化将迫使许多小型交易公司停业。银行和华尔街经纪公司也设立了专门的高速交易席位。但是，高频交易的主体是较小的自营交易工作室，或者没有外部客户的"专业工作室"。它们聚集在纽约和芝加哥，这样既接近证券市场，又接近芝加哥商品交易所。

公众通常会误以为高频交易者是"Quants"，该术语是量化交易者的缩写，是指麻省理工学院或芝加哥大学这样的名校毕业生，他们过去 30 年来为整个市场创造了了不起的奇迹。这些奇迹包括期权和衍生品、信用违约互换、住房抵押贷款证券化等发达经济体的高级工具。由于这些工具被过度滥用，在 2007 年时上述发达经济体结束了有关其的繁荣期。

当我们进行市场投资决策时，量化交易者是依赖科学理论的，而不是酌情进行判断的。[③] Richard Bookstaber 从一个大学教授变成一个量化交易

[①] 译者注：根据计算结果，应该是 10 亿股，原文为 100 亿股，似乎有误。

[②] Stat-arb firms use statics to predict the direction of stocks and then invest in other assets, like commodities, that tend to move in relathion to those stocks. This exploitation of related securities is called arbitrage.

[③] Irene Aldridge, *High-Frequency Trading: A Practical Guide to Algorithmic Strategies and Trading Systems* (Hoboken, New Jersey: John Wiley & Sons, Inc., 2010), Kindle Edition, Location 514-521.

者，再后来又成为一名 SEC 监管者，他把量化交易者描述成"具有非凡的数学才能和强大的计算能力、能构建金融产品和交易模型的人"。①

无论如何，公众只能逐渐离开市场：高频交易者组成了"同一演化图谱的一个独立分支"。其交易速度比量化交易者快很多，对某只股票的关注时间也更短，但是其运用的套利技术却一样。对于高频交易者来说，速度是其制胜法宝。

许多华尔街的物理学家在大学期间都接受过美国国防部高级研究计划署（DARPA）某种程度的赞助，DARPA 是 1958 年设立的，旨在研发针对苏联人造卫星的防御技术。批评这类交易者的人认为他们不仅使华尔街荒芜，而且浪费政府的大量资源。"他们本应在科学实验室里工作"，萨菲安研究所的 Ken Safian 抱怨道。其他批评家则断言道：量化交易者和高频交易者滥用国家安全部门的发现。量化交易者在多个跨市场的交易所交易时采用的算法类型，一度是政府实验室所倡导的在多个州之间使用的跟踪电话和 e-mail 传输方法。同样地，在这些政府实验室里，并行运算也是优势，它导致了高频交易群体使用的服务器的闪电般地快速发展。IBM 在位于新墨西哥州的洛斯阿拉莫斯的国家实验室里，为政府建立了超级计算机"Road Runner"，其能够每秒运算 1 000 万亿次，该机器占地面积为 6 000 平方英尺。

截至 2010 年，高频交易者一直使用氮冷却系统使机器超速运行。超频可以使计算机处理器的运行速度超过厂商设定的速度，所以它们能运算得更快，能处理更多的数据。用这种方法，高频交易公司一天能进行数百万次的复杂交易。据预测，未来几年更快的计算机设备是由光子而不是电子驱动的，从理论上来说，这将缩短把数据传递到光学接口（如监视器）的时间。②

"它变成了一个技术装备竞赛，区分胜负的标准是运算的快慢，"

---

① Richard Bookstaber, *A Demon of Our Own Design: Markets, Hedge Funds, and the Perils of Financial Innovation* (Hoboken, New Jersey: John Wiley & Sons, Inc., 2007), Kindle Edition, Location 154.

② "Discovery Brings New Type of Fast Computer Closer to Reality," Science Daily.com, September 28, 2009.

NYSE Euronext 的 Joseph M. Mecane 在 2009 年 7 月说。①

量化交易者建立了第一个复杂的模型来预测利率和证券变动，并编写了买卖某一证券要求的算法，以充分利用市场波动性来保持资产组合的正确调整。后来，这些都被高频交易公司采用以从事更短期的交易。量化交易者也是统计概率领域的专家，会分析在特定情况下重复出现的历史数据，相信通过收集这种信息能降低未来的不确定性，例如，美联储会议上耗时几分钟、听起来似乎并无特殊意义的字词却可能会以特定的方式影响股市。高频交易者非常偏爱这类模式识别软件。

比高频交易行业早出现 20 年的量化交易者，通常会成立对冲基金，而不是用他们自己的钱进行交易。当一个量化投资互助会的成员意外破产时，这种实践会招致监管审查，并会发生一些支出。在长期资本管理（LTCM）对冲基金于 1998 年崩溃后，SEC 试图管理对冲基金，但是法庭否决了其管理要求。最终国会介入，在 2010 年的《Dodd-Frank 金融改革法案》中要求对一些较大型的对冲基金进行监管，因此该行业开始公开化。

在 20 世纪 90 年代后期和 21 世纪早期，量化交易者很难学到那些原本相当明显的道理——投资期限越长，对未来的预测越困难，任何气象学家或政治预言家都能说出这一道理。就这样，众所周知的高频交易时代开始了。

以前，量化交易者选择的投资期限为数月甚至数年。LTCM 团队中有曾获得诺贝尔奖的 Myron Scholes 和 Robert C. Merton，其对冲基金有较高的杠杆，它对利率变化方向下了长期的赌注。一年后，当俄罗斯出人意料地对其政府债券违约的时候，该赌注失控了。或许，他们将其称为基金短期资本管理的话，其会做得更好些。

同样地，当抵押市场在 2007 年暴跌的时候，数十家对冲基金遭受了巨大的损失。它们都对房屋的价格走势下了赌注，因为自二战后房屋价格几乎每年都上涨，因此，其赌房屋价格可能会超越金融波动继续上涨。

非常理智的人们为何行为如此鲁莽？因为让他们富裕起来的策略一直

① Charles Duhigg, "Traders Fund That Speeds Pays, in Milliseconds," *The New York Times*, July 23, 2009.

在起作用。和一位成功人士争辩是一件非常困难的事情。麻省理工学院教授 Andrew W. Lo 说:"尽管住房价格发生全国性的下降是很可能发生的,但是历史的经验表明这是高度不可能的。因此,一点也无需惊奇的是,自 1998 年到 2006 年,主要金融机构的资深经理并不关心风险——因为此类事件对大家来说太遥远了,特别是在此期间,金融市场已经发生了巨大的变化。"①

而且,量化交易者对其算法的预测能力有着不切实际的自信。公式受限于创造它们的人的想象力,而这些人往往看不到自身的局限性。因此,算法可能会以某种创造者从未想象到的方式对一些未预期到的市场情况做出反应。

量化交易者也许对最近的历史关注得不够。在冷战时期,苏联是"算法成瘾者",其核指挥和早期预警系统严重依赖算法。1983 年 9 月 26 日,一个由算法引致的、美国已发射导弹的错误警报通过苏联卫星传到了苏联核指挥中心,该算法从未被校正以处理某些非预期情况,世界安全研究所主席 Bruce Blair 说。那是冷战时期最危险的错误警报。②

从 2007 年开始,短期交易成为新的流行趋势。一些高频交易者认为其至多在几秒钟的时间跨度内交易,他们从不持有头寸过夜,因为风险太大。世界上的某个地方发生地震或受到恐怖主义袭击的消息,会在第二天开市的时候引发资产价值损失,对于厌恶风险的高频交易者来说,最好在交易日平仓,不要在账簿中留有头寸。

一般来说,高频交易者偏爱 4 种策略。③ 第一种策略是最具宣传性的策略,也是公众和政治家最不讨厌的策略,它会自动提供流动性,高频交易者更像做市商,每天从交易所赚取数百万的每股中间价折扣,而带给交易所较大的成交量。第二种策略称为"狙击"策略,它会给交易者带来很大的公关问题,它是通过算法探查小订单的交易模式从而识别市场中的大订单的,如果该模式表明它们间歇地来自同一个渠道,如养老基金或共同基金的话。Credit Suisse,高频交易解决方案的主要提供者,其会销售

---

① Andrew W. Lo and Mark T. Muller, "Warning: Physics Envy May Be Hazardous to Your Wealth!" MIT Sloan School of Management, March 19, 2010.
② E-mail from Bruce Blair to the author, August 3, 2010.
③ Aldridge, Location 188–196.

给交易者诸如"游击队"和"狙击手"这样的算法，用以在公开市场和暗池中探查大单，在暗池中交易的共同基金、养老基金和其他大的买卖竭力使它们的交易不影响明市场。第三种策略称为"事件交易"，其试图使当天的新闻资本化，它预测市场对最新发展的反应方向。Harvey Houtkin用此指导他的学生，他认为"趋势是你的朋友"，这是一个变化的主题。像 Medallion 这样的交易量较大的交易公司主要进行的就是这种动量交易。第四种交易策略是老式的套利策略，使用该策略的交易者试图找到看似无关的工具间的价格差，如股票和糖期货的价差。一般来说，比较股票和商品运动历史数据的算法有助于理解目前它们是如何运动的。这就允许计算机采用这些算法程序寻找无效定价。例如，如果某天一只股票价格上涨了 x 美元，交易者根据 20 年的价格、交易量及相关数据可能会做出判断其价格上涨已达到了极限，于是卖出股票，期望它的价格会回落。如果公司是一家大型食品生产商，则其股票价格下跌可能会影响商品交易所的农业期货价格，超快的计算机将发现这种关系。

统计套利是低买高卖的传统主题的一个"变异"，但是有一些变化。例如，交易者不能总是买卖同一种股票。当趋势下降的时候，他可以买入像微软这样的高科技股，即刻抛售指数或诸如 QQQ 这样的高科技股票的交易所交易基金（ETF），QQQ 是包含微软成分的，如果微软有较低的市场价值，则 QQQ 将向下调整。

这种策略是围绕公平价格的概念运作的。高频交易公司设计算法通过寻找诸多关系以确定特定股票在给定时间内的公平价格。通常股票价格会围绕公平价格上下波动。交易者会描绘出一段时期内的价格散点，平滑数据以产生平均值。如果股票交易价格在平均值以上，则算法会假定价格被高估了，可以沽出。如果股票价格低于平均值，则算法会判断价格被低估了，建议买入。高频交易者卖出几十只被高估的股票，买入几十只被低估的股票，于价格收敛时平仓，所有的这一切都在几分钟之内完成。

高频交易者认为大多数基本投资者都是草率的。以抛售大宗苹果股票的机构投资者为例，抛售行为很可能导致股价下滑。机构投资者之所以很高兴进行这种交易，是因为它已经赚取了长期资本收益。然而在量化投资者看来，机构投资者失去了大量本应该属于它的财富，因为它忽视了卖出所有包含苹果成分的期货指数和 ETFs，它也忽视了做空相关股票，忽视了购买那些有希望反弹的低于市价的股票（普通交易者看市场是一维的）。高频交易者认为普通交易者是"地平协会"的一员，他们因为不能从多个角度来处理问题而走向消亡，他们主张普通交易者应该让机器为他们决策。事实上，许多大型基金用计算机处理它们的大部分交易。

机器买卖，并不关心在卖什么，只要能在 2 分钟或更短的时间内结束股票交易。目前，机器在主宰市场。这一切意味着什么？

Jeff Silver 和 Ben Hunt，Iridian Asset Management 的总经理，试图在 2010 年第二季度末在给投资者的信中回答这个问题。"在最基本的水平上，它意味着证券价格与发行这些证券的公司的基本经济现实仅有一点或没有关系，"他们写道，"它意味着价格发现，这一公开交易的招标制度的基本目的，对那些根据基本经济现实进行决策的投资者不再有意义。它意味着美国证券市场不再是一个有效的资本市场。在有效资本市场中，股权代表着一个有现金流和资产的经济实体的所有者权益，现在的股市则更像是被精确概念化的卡西诺，股份或股票只简单地是金钱的占位——圆形赌注筹码。"

高频交易者在投机倒把，在玩 21 点，他们说，如果市场为某一证券提供流动性，则是押了对它有利，而在其他时间则会退出。

人们认为股票交易所已经有所警惕。但是，它们对于金钱太过贪婪，正是因为它们通过豁免高频交易者获得了收益，它们争辩说这样做对公众是有益的。那么，"备受感动"的公众会如何反应呢？他们逃离了市场。

第 15 章

卑鄙无耻的恶棍

　　既然 NASDAQ 和 NYSE 是公开交易的公司，它们就必须向股东作出交代，股东自然要求他们的投资有一个好的回报。NASDAQ 和 NYSE 是会员制的双头垄断，其功能或多或少像公共事业单位的日子已经非常遥远了。这两家大交易所被迫减少交易量并将其分给数 10 个竞争对手，其范围从自动交易所到暗池，再到 200 个内部化者——这些经纪公司在公司内部匹配交易。不久，交易所就意识到高频交易公司是一群"金企鹅"。它们的交易会转化成大量的成交量，这反过来增加了交易所源于证券买卖汇总记录带上交易数据的销售收入份额，高速的电子系统不断报告在交易所上市的股票的最新价格和交易量。

　　证券买卖汇总记录带协会收集并公布汇总记录带系统的数据，并将其销售给经纪公司、对冲基金、新闻机构和其他最终用户。每年年末，协会会从这些销售中分配净收入，有着最大交易量的交易所则会收到收入"馅饼"中最大的一块。记录带协会的总收入是高度机密的。在 2002 年向公众公布的协会财务报告中，证券买卖汇总记录带协会的总收入是 4.24 亿美元，净收入是 3.83 亿美元。自那时起，市场交易量激增，据估计 2010 年其总收入高达几十亿美元。

　　一些交易所为高频交易者在它们的场地进行交易而支付酬金。高频交易者每次购买股票都会得到一个小小的折扣，且就业内人士的说法，每次其都会给交易所带来一定的流动性。这个折扣是每股 1 分钱的若干分之一。2010 年 10 月，NASDAQ OMX 给有着最高交易量的高频交易客户每股 0.00295 美元的折扣，而对于较低的交易量，则给予的折扣也较低。许多交易公司的计算机就交易同 1 000 股股票，诸如 Citygroup，它们之间整天相互来回交易，目的仅仅是为了赚取这些折扣，并在一天结束的时候将其转换成现金。Citygroup 在 2009 年 2 月 27 日创下了美国单日内最大交易量——18.7 亿股换手——很可能是出于高频交易。

像 Arnuk 和 Saluzzi 这样的批评家，把这种行为和两个网球选手之间进行的"扩展截击"游戏进行比较。如果选手击中同一个网球 100 万次，该球一直来回过网，则观察者应计 100 万个球，还是仅仅一个球？交易所合计每次交易的数千股股票，用总和表示交易量，Arnuk 和 Saluzzi 认为这是一个骗人的算法——交易量并不真实，它会让人们误认为市场更加流动，而实际上并不是。

当然，速度成了新型电子市场的最终竞争优势。毫无疑问，这是到处充斥着电脑游戏的世界，轻微的速度优势就可以给动画角色而不是其他男子汉一个"快挂"。在屏幕动画枪战中，移动最慢的家伙会最先被干掉。现在同样的事情正发生在股票市场上：不如高频交易者快速或敏捷的买卖者会被"剔出局"。高频交易者可以先于其他任何人看到单子进入市场并抢先进行交易。其最好买尽那些慢速交易者想买入的股份，然后不到 1 秒就转而卖给那些较慢的投资者，每股赚取 1 美分的利润，有时候会多一些。高频交易者能够在瞬间买入股票转而卖出，其很少持有头寸两分钟以上。其不是基本面投资者，不关心公司下一季度或下一星期甚至接下来 10 分钟的盈利情况。高频交易公司锁定的是一定能达到的利润，即使是每股不足 1 美分的利润。由于市场的不可预测性，持有股票 2 分钟以上亦是有风险的。

领会到速度的吸引力后，交易所开始邀请经纪公司，尤其是这些高频交易公司会把它们的交易机器直接连接到交易所自己的服务器上，这称为并置。虽然连接费昂贵，但是对公司来说是值得的。算法驱动高频交易机器，有效的机器能 1 秒进行数千次的买卖决策，与交易所的机器连接后这些机器就能更快地买卖股票，因为从点 A 到点 B 的传输时间自然缩短了。

"如果你在康涅狄格州的格林威治发出一个买入股票的单子，则只需要二千分之一秒单子就可以到达交易所。但是，如果你的计算机和交易所的将买卖单子放在一起的匹配引擎位于同一栋大楼内，则你的单子到达交易所的速度会加快 50 倍，" Vasant Dhar 说。他曾经是高频交易者，后来在纽约大学的斯特恩商学院教授交易策略。①

由于自动交易对并置的要求迅速提升，因此巨大的设备开始出现在芝加哥和曼哈顿之类的交易中心里。Equinix 交易公司，在曼哈顿以西 4 英里的新泽西州锡考克斯镇创建了一个足足有 5 个足球场那么大的并置设备。② NYSE Euronext 在新泽西州马瓦创建了一个足足有 7 个足球场那么大的匹配引擎设备，并邀请高频交易公司在那儿并置设备。

马瓦是一个印第安语，意为"道路交叉的地方"。交易所官员进行了大型作秀，在仓库样的设施外面种了 6 棵梧桐树以表明它与华尔街的渊源，因为最初的交易即始于 18 世纪末期的一棵梧桐树下。梧桐树荫象征着自由，纽约—泛欧交易所集团（NYSE Euronext）期望它的马瓦业务成为价值 10 亿美元的业务。③

后来，经纪人看到了为并置设备转租空间的好处。他们开始向高频交易机构及对冲基金提供"无保荐准入"。这意味着经纪人向交易所担保租用他们服务空间的高频交易者是正直的资本充足的公民，相信他们能结算交易，不会故意操纵市场或使用可能突然引发买卖狂潮而破坏市场的算法。然而，批评者认为对交易所来说，相信经纪公司会实际审查高频交易公司是荒谬的，因为从本质上来说，高频交易是超级隐秘的。批评者说，这种安排给市场带来了严重威胁。例如，一个高频交易公司可能正面临破产，并且可能会在其他人知晓情况之前继续进行交易以期"扭转乾坤"。然而，这类事态并非空穴来风。2003 年，在一个美国交易公司，当一个先前不曾参与算法的雇员开始交易的时候，公司在 16 秒内破产了。而公

① Jill Barshay, "High-Speed Trading Goes Off the Street," *Market Watch*, August 26, 2009. http://marketplace.publicradio.org/display/web/2009/08/26/pm-colocation/.
② 同上。
③ Jacob Bunge, "DJ NYSE Euronext Turns on NJ Data Center as Emigration Begins," Dow Jones News Wires, August 25, 2010.

司却花费了 47 分钟的时间才认识到自己已经破产，并给结算银行打电话告知了当时的情形。①

大部分高频交易公司在涉及证券和商品市场的多个交易所并置机器，交易所总是很欢迎这些客户。NMS 规则旨在倡导交易所之间进行竞争以降低投资者成本，却无意间创造了高频交易公司能够生存的市场，改变了交易的本质，这对于其他每一个投资者来说都是毒药。

---

① Carol L. Clark, "ControlLing Risk in a Lightning-Speed Trading Enviroment," Chicago Fed Letter, March 2010, No. 272.

第 16 章

暗 池

高频交易辩护者坚持他们的行为确实使股市的情况有所好转。如果这是事实，那么商品期货交易委员会（CFTC）的 Andrei Kirilenko 在 2010 年 8 月的听证会上就不会充满疑惑——如果高频交易实际上不是批评者所认为的贪婪的"鲨鱼"，那么为什么所有其他鱼的行为都如此不可思议呢？为什么共同基金和养老基金需要在一般市场看不到单子的暗池中躲避算法交易者？

暗池激增是在 1997 年李维特领导的 SEC 竭力分解批发市场，迫使养老基金、共同基金和其他机构交易者进入交易所之后。暗池是机构能执行大宗交易的市场，只要它们的交易量保持在一定的限度内。这正如政府对杂货店能销售的食品设定了一个界限，如果这样做，就会涌现成千上万个小杂货店以满足公众的需求。这实际上就是暗池所发生的事情，数十个暗池涌现出来以满足交易者的需求，因为没有人愿意超出政府 5% 的门槛（见第 13 章）。

如果你在暗池这个场外交易市场交易，你就不必在证券买卖汇总记录带上公布买卖单子。单子是不可见的，不影响市场价格。机构可以选择在交易后用证券买卖汇总记录带公布股票销售价格，但是对于是否披露具体的交易数量信息则没有要求。

到 2009 年，由于暗池"汲干"了 NYSE 的交易量而惹怒了后者。纽约—泛欧交易所集团的 CEO Duncan Niederauer 向参议员 Schumer 抱怨此事。在 2009 年 10 月，Schumer 和 Niederauer 共同写信给 SEC 主席夏皮罗要求对暗池进行一系列改革，因为"这些阴暗的市场角落损害了市场透明度，危害了市场价格发现的基本功能"。

SEC 随后要公众就让暗池变得更透明的计划进行评论。如果明交易所里的交易价格确实受到暗池增长的影响，则要求投资者进行报告。SEC 也很好奇，想知道投资者是否认为像 NYSE 这样的明交易所转移到暗池的交易量会增加价差和短期波动性。

对暗池来说，它们认为自己的交易价格接近于公告价格，而且它们的交易对市场根本未产生负面影响。

SEC 注意到，在 2010 年元月关于市场结构的概念发布中有这样一段话，"似乎长期投资者相当多的单子是在暗池或 OTC 做市商那里执行的，而交易中心的大多数交易则是自营公司执行的短期交易。事实上，在未显示交易中心执行的长期投资者单子的比例是否在上升？如果是，则产生这种趋势的原因是什么？对于长期投资者和市场质量的利弊又有哪些？换句话说，"高频鲨鱼"将长期投资者逐入这些隐蔽处了吗？"

显然，这一切都发生了。Pipeline Trading 有限责任公司，这一暗池在它的网页上有一个鲨鱼试图袭击机构单子的视频示范动画。Pipeline 不仅交叉买卖机构的大单子，而且为机构提供防游戏软件，并且当机构在市场寻找买者或卖者的时候，允许它们将大宗单子划分成 300 股的小单子以躲避"鲨鱼"袭击。

"我们提供常用于'捕食'机构的技术，并将其返还给'掠食者'，以妨碍它们认识到单子流的模式，"公司主席 Alfred Berkeley 说。

SEC 所关心的与暗池拥护者提供的经验事实并不一致。一位暗池经纪人说："今天 70% 的市场交易发生在证交所内，30% 是在交易所之外。这种情况已存在几十年了，所以交易所内、外的交易量在很长时间内都未发生任何变化。"

Seth Merrin 是 1999 年开始运行的暗池 Liquidnet 的创始人和 CEO，他的想法是提供一个批发市场，大机构能在此进行交易而不影响市场价格，不会被投机商抢先交易。

Merrin 的想法使他成为亿万富翁，他造就了一个事实，即似乎其对他人的影响超过了他人对他的影响。他说话温和，行动闲散，为人恭谦。他也是乐于亲身实践的人，曾经是暗池业最知名的不知疲倦的倡导者。他在华盛顿特区花费大量时间和监管部门、新闻界的相关人员就不干扰暗池进行讨论。

Liquidnet 在 SEC 注册，是完全不同于股票交易所的经纪自营商。Liquidnet 的客户主要是平均交易量为 150 000 股的大机构。Liquidnet 匹配大小相当的单子以避免供求不均衡扰乱市场。

Merrin 争辩说，一个市场不可能满足所有交易客户的要求：

"你不能在梅西的转角处购买上百万美元一件的衬衫，也不能期望忠诚地在 NYSE 或 NASDAQ 以每次 300 股的方式购买 100 万股股票。你必须把批发与零售分开。"

这是一个复杂的议题。Merrin 阵营竭力主张的正是 SEC 不愿解决的复杂问题，因为他们担心市场会因此而变得更糟。

第 17 章

波动恶棍

在发生闪电崩盘之后，逃离市场的投资者正在对日渐增加的波动率不断做出反应。自 2008 年以来，股票市场的日变化就像过山车一样，已经变得比记忆中任何时候都更加疯狂，更加难以预测。曾经需要将近一年时间才能完成的股票平均移动，现在则只需要几小时。DJIA 或许会在中午之前上涨 50～100 点，到下午 16：00 却又回落了。一个公司的股票可以独立于新闻事件或公司的基本面变化从而形成波峰或波谷。在大衰退之前的 20 年里，股票市场并不疯狂，然而现在它像商品市场一样疯狂，充满风险。股票市场的波动图呈瓶刷形，尤其是在 2008—2010 年之间（见图 17—1）。

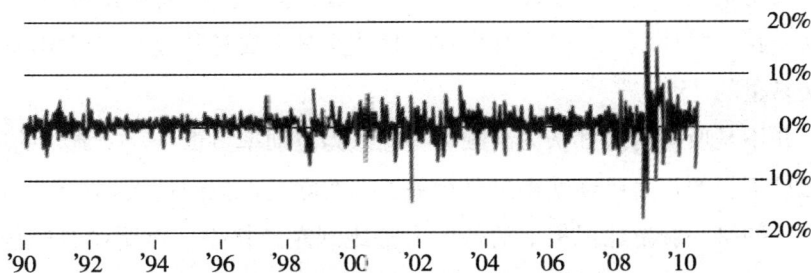

图 17—1　严重的波动：用价值线指数度量的股市，自 2008 年年底金融危机开始已经变得更加波动

转载自：*Barron's Magazine*

　　不稳定的环境为高频交易创造了完美的"栖息地"。市场波动幅度越大，就越有机会得到奇妙的短期收益。当行动较慢的投资者两头吃亏，发生了现金损失，对市场日益不信任时，高频交易者却在积累利润。

　　波动是有节奏的。大部分交易发生在上午早些时候和下午晚些时候，二者之间的时期则是怪异的安静期。市场好像被"意大利制造"所取代，几个世纪以来，那里的工人在他们忙碌的上午和晚上之间都拥有较长的午休时间。美国股票交易所中午时是这样的安静，以至于一些高频交易者可以抽出正午时间看电影或者做自己的事情。《华尔街日报》的Kristina Peterson刻画了一个小公司的3个主要负责人一天下午从华尔街步行几英里穿过布鲁克林桥，到他们喜欢的比萨饼店用餐的情景。过去，他们因担心失去交易机会从不离开交易平台。那时，交易者不能根据波动调整交易时间。这种变化令散户怀疑高频交易公司是市场的"玩偶大师"，是他们"设计了波动小步舞"——这一指责不断地被高频交易公司否定。

　　汤森·路透编纂的数据表明，在典型的日子里，市场日交易的一半发生在开市和闭市的几分钟之内。2010年8月，NYSE几乎58%的主要交易发生在上午9：30—10：30之间及下午3：30—4：00之间。在2005年8月，这个时段的交易量是一天的45%。分析家说，高频交易的增加使一天开始和结束时段内的交易更加集中。① 在某些情况下，高频交易公司利用了每日结束时杠杆式交易所交易基金的再平衡。这些基金的资产经理在他们的基金内交易股票，交易时间几乎与每天的结束时间同步，这样可以使他们的杠杆比率为常数。高频交易者编写的算法能够确定一个杠杆式交易所交易基金（ETF）在特定的某一天是否买卖，允许高频交易公司抢先交易。在一定环境下，分析师发现杠杆式交易所交易基金在市场闭市时占到交易量的75%。②

　　并不是所有的人都认为高频交易应该为波动率负责。一个流行的理论认为投资者的行为已经变得过分相关了。实际上，他们每天都在做同样的事情。如果一艘游轮甲板上的每个人都跑到左舷扶手，再跑到右舷扶手，

----

　　① Kristina Peterson, "The Traders Who Skip Most of the Day," *The Wall Street Journal*, September 10, 2010.
　　② Jason Zweig, "Will Leveraged ETFs Put Cracks in Market Close?" *The Wall Street Journal*, April 18, 2009.

然后继续这样来回地奔跑，游轮就会疯狂摇摆。投资者仓促买卖 ETFs、S&P 指数期货、股票期权和其他二具，这些工具是基于市场或某个经济部门的，这样他们就可以利用价格和动量趋势。当他们同时买卖这些大指数的时候，市场就会变得极端震荡。

从资产组合中挑选一只股票已经成了一个不可能赚钱的活动，这就跟购买彩票一样，长期投资也是如此。在 2007 年和 2008 年输得精光的投资者现在持有投资的时间更短。他们因为遵循传统智慧而受到伤害，因为传统智慧认为对股票进行长期投资是明智的。就像聪明的猫一样，它们不会再次跳上灶台。现在的游戏是几星期后就能赚到 15%～20% 的利润，如同对冲基金的大亨。

曾经受到 Benjamin Graham 和 David Dodd 投资原则影响的投资者近乎绝望。选股已变成了僵死的艺术。宏观主题的投资是疯狂的，市场忽视了标的证券的盈利、现金流以及其他特征。[1]

一些市场经济学家继续把经济、政治的不确定性作为投资者易受惊吓的主要原因。在欧洲，爱尔兰的秋季债务危机紧跟着西班牙和葡萄牙的春夏债务危机。在美国，联邦储备委员会宽松的货币政策对经济增长的影响正在减弱；而且，使投资者紧张的重要中期选举迫在眉睫。国会有终极警探吗？反对商业的左翼民主党会继续保持控制权吗？对于财富征收的资本利得税税率会上涨吗？这些问题就像乌云一样笼罩着市场，诸多不确定性在大选之后才会消失。例如，中国严重的贸易问题，墨西哥令人惊恐的法律秩序的崩溃，激进的伊斯兰教徒控制着拥有核武器的巴基斯坦等，使整个世界充斥着恐惧。

"我怀疑导致这一波动的证券市场的新范式是根深蒂固的，等到波动率消失需要很长的时间，" Principal Global Investors 的 CEO Jim McCaughan 说。他预期会持续 5～10 年。[2]

高频交易者对人们的反对非常敏感，他们把反对归因于无知和没有掌握先进交易技术的专业投资者心生的嫉妒。他们炫耀相关的学术研究，一

---

① Tom Lauricella and Gregory Zuckerman，"Macro Forces in Market Confround Stock Pickers," *The Wall Street Journal*，September 27，2010.
② Interview with author，October 6，2010.

些研究人员确实不知名，另一些则是由他们支付薪水的教授。其所开展的研究认为，高频交易者通过不断的交易和套利确实降低了市场波动性，增加了交易量，迅速消除了无效定价。

无论如何，研究是迫切需要的。由于日内交易波动的研究是新事物，因此没有长期记录以进行有意义的历史比较。

答案或许在李维特和 Donaldson 监管下的 SEC 的活动之后形成的股票市场结构中。无论原因是什么，交易所开始变得令人不安。

NASDAQ 首席经济学家 Frank Hathaway 声明："较高的波动率减少了投资者的资产，对证券市场的交易量产生了负面影响，对权益资本的成本产生了负面影响。"①

波动率变大并不是全新的市场现象。事实上，专家曾预期在 2007 年、2008 年的信用危机后会有一个突然的波动率变动，随后市场会即刻"崩盘"，因为这样的情况过去曾经发生过。在大萧条和 1987 年黑色星期一之后，波动率持续增加了好几年。如果观察从 20 世纪 30 年代到现在的图表，你就会看到一个杠铃式的而不是瓶刷式的图形。学者说目前这一轮的波动将随着经济增长的复苏及对国家长期前景的信心的恢复而自行逐渐减弱。实际上，在新近的信用危机最困难的日子里，证券和债券市场的情况已经表明环境会有所好转，G. William Schwert，罗切斯特大学西蒙商学院金融和统计学的 Gleason 教授如是说。Schwert 是市场波动方面最著名的专家之一，数年来写了大量这方面的著作。他说，专业人员通过他们的投资选择向市场表明，国家不太可能陷入大危机之中，不太可能陷入 2010 年发生的实际问题中。

至于明显的日内交易波动开始于 2008 年，我们没有办法说波动是否比过去大，因为缺乏历史记录。但是，Schwert 推断过去的日内交易测度看起来更像日测度，而日测度则更像月测度。月测度数据是可以得到的，它表明 2009 年和 2010 年的波动率比大萧条之后低，那时候是没有高频交易计算机的。

"那些看起来不稳定的日子发生了典型的日内波动。由于每日股价都

---

① Interview with author, August 2010.

在波动，因此每月数据看起来也是不稳定的。作为一个一般法则，如果你仔细观察，会看到越来越精细的数据，你的观察结果不会改变你对市场波动的感觉，"Schwert 说。[①] 在他的观念中，这是正确的。如果这是不正确的，那么股市每天就会存在巨大的反转——每日闪电崩盘，可以说，股市一天天地大起大落，接近结束时持平给人的印象是这天根本就没有发生过波动。

1990 年，Schwert 为《金融分析杂志》写了关于市场波动的开创性论文，回顾了在黑色星期一市场的混乱情况，提出了许多有关市场波动的问题，这些问题与闪电崩盘之后投资者提出的是一样的。他发现，没有证据表明计算机交易在那些黑暗的日子里增加了波动性，也没有证据表明波动性是由 1982 年引入的基于 S&P 500 的期货或期权的交易引发的。

"我怀疑当前关于盘中震荡的讨论会呈现不同的声音，如果能证明最近的事件非同寻常的话，"他写道。

然而，其他市场专家认为将 2007 年和 2008 年的股票市场下跌描述成"崩盘"是不合适的。Birinyi Associates 的分析师 Cleveland Rueckert 就是其中一员。他感到和 2000—2002 年的市场下跌做对比是比较公平的。二者都是有序的，而不是没有征兆的突然下跌。然而在 2007—2009 年的市场复苏期，在 S&P 500 中波动幅度达到 3% 的日数是前一时期的两倍多，其中在 2009 年有 23 天。2010 年，截至 11 月末，有 8 个这样的日子都高于平均水平。即便如此，Rueckert 认为指出一个特别的波动源还不够。

新泽西州的前量化交易者 Yan Yaroshevsky 提出了一个理论：高频交易在某些时点降低了波动性，而在其他时点则增加了波动性。Yaroshevsky 在 20 世纪 90 年代早期从俄罗斯移民到美国，帮助议员 Kaufman 形成了他的高频交易威胁论。

"当时机合适的时候，它们〔高频交易公司〕的市场参与率较高。当交易量高的时候，它们参与大量交易，因为有利可图，"Yaroshevsky 说。[②] 在这种情况下，它们无疑会通过缩小股票价差来降低波动性。同时，他说，对机构交易者来说，由于高频交易的抢先性和其他狙击技术，因而增

[①]　Interview with author, July 2010.
[②]　Interview with author, September 2010.

加了交易成本。

新闻舆论认为，大部分高频交易公司在从事做市商活动，并采取回扣交易战略，持有隔夜头寸。但是，知道行业内幕的 Yaroshevsky 说，这是不正确的。最大范围的高频交易公司，在他的定义中包括对冲基金和运用低延迟技术及配置执行市场交易的量化交易者，且其都在采用短期趋势策略。这些策略通过驱使价格发生过高或过低的波动而增加市场波动，相较于投资者仅仅看重证券的基本面而言。

Yaroshevsky 看到了发生在证券市场上的以前从未发生过的事情，比如市场在衰退中开始强劲复苏，在 2009 年早期就是这样。他认为市场的攀升纯粹是由量化交易推动的。信用首先从联邦储备的管理者延展到银行家，又延展到"更有能力的量化天才"，他轻轻地笑道。他们的交易驱动了市场攀升，最终导致了闪电崩盘。

他并不认为这是有意的市场操纵。许多量化投资者也采用同样的动量策略导致市场偏离基本面。

"你让所有的民众做同样的事情，这些事情就真发挥作用了。它们的影响力越大，就有越多的人来做，" Yaroshevsky 说。

在 Yaroshevsky 看来，逃离市场的散户并不是从设想的怪物处逃离。股票交易价格的上涨或下跌没有其他更好的理由可以解释，除了高频计算机预测其应该这样。购买了有发展前景的公司股票的投资者，并不能依赖其发展前景来确定股票的实际价值。股票定价已经变得反复无常，而执行长期投资的散户避开了股价反复无常的变化。他们非常理智地寻找更安全的避风港，即使投资收益率很低，但至少收益率是稳定的。

第 18 章

调　查

　　1987 年，布雷迪委员会花了 **9** 个星期的时间完成了一份关于黑色星期一发生原因的报告，这是一个相当大的成就。SEC 和 CFTC 在 5 月 18 日做出了一份关于闪电崩盘的初步报告，但是它们的最终报告直到 2010 年 9 月才准备好。闪电崩盘的调查周期较长是有很多原因的。主要的原因是 SEC 缺乏得到市场数据的直接途径，依靠这些数据才能得出可靠结论。该机构不得不从 FINRA 和各个交易所收集数据。这些数据的来源有多种形式，有时缺乏适当的审计线索，这些线索将允许调查者把那天的市场活动拼接成一副完整的图画。SEC 的调查者们也感到需要证据、与市场参与者会谈等形式获得的辅助信息来使证券交易汇总记录带的故事更加生动鲜明。

　　在几个星期内，SEC 整理了收集的信息，邀请一些高频交易专家在 6 月 2 日到总部召开圆桌会议，公开讨论电脑交易的优缺点。夏皮罗强烈要求 Kaufman 关注，他也这样做了，像一只鹰一样。但是，他不喜欢自己所看到的，因为侦探事先透露给他一份专门讨论小组参与者的清单。有趣的是，清单上基本都是高频交易者，后者占了 7 个席位中的 6 席。议员几乎不敢相信自己的眼睛。

　　Kaufman 生气地向夏皮罗写信抗议，然后回到参议院向他的同事和新闻媒体抱怨。他说："看起来似乎已有专门小组被选中来证明相关部门已经加强了有关当前市场结构的最高防范，因为高频交易提供了流动性缩小了价差，但并未深入讨论 5 月 6 日发生的引发严重的市场错乱和破坏市场信誉的问题。我已经呼吁 SEC 增加更多的参与者以使专题小组成员外观上看起来更平衡。坦率地说，总统先生，我发现初始报告被做了手脚，这才是我们需要解决的真正问题，也就是说，专题小组本身就代表了管理者或管理体系的失败——除了应邀批评传统产业智慧的勇敢精神，再无其他。"

专题小组的 5 个成员曾在 5 月 6 日之前写信给 SEC，评论它所建议的重新审查全国市场结构，他们每一个人都说他们喜欢现状。

Kaufman 说，第一个预期的小组成员写道："在过去的 18 个月中——自金融危机最高潮算起——委员会积极建议制定规则。几乎所有可能对降低投资者信心有影响的问题都被提出来了。"

Kaufman 说，第二个预期的参与者是股票交易所的代表，他写了一个被广泛传播的 e-mail，试图声明证券市场并没有崩溃。E-mail 中说："相反，我认为在最近被称为最富挑战性和最困难的时期中，美国证券市场是一个可靠的、功能完善的光辉典范。"

第三个预期的参与者在召开会议之前写给 SEC 的信中说："执行任何形式的管理都会限制任一类型的投资者可用的工具或自动化的效力，这种所谓的'公平'的名义会使美国证券市场倒转，并破坏数年来的创新和投资。"

唯一受邀参加专题小组的共同基金公司是 Vanguard 基金。它在共同基金公司中是另类的，因为它忠诚地为高频交易辩护，认为这种行为通过缩小股票价差和削减交易成本而使成本下降。Vanguard 还有其特殊原因：它是交易所交易基金（ETFs）最大的经理之一，ETFs 是共同基金和指数期权结合所得的产品。Arnuk 在博客中嘲笑 Vanguard 交易 ETFs 的速度比 Hasbro 制造汉娜·蒙塔娜玩具的速度还快。大部分共同基金公司认为，高频交易者确实通过采用算法抢先交易单子提高了交易成本。他们宣称：价差确实缩小了，但是存在对共同基金行业和它的 9 000 万个客户征收的间接税。

在这段时间里，一个资产经理向《华尔街日报》描述了他所知道的情况。他说，他们正在进行一项测试以查看是否受到高频交易者的不利威胁。2010 年 3 月的一天，他给自己的经纪人下了一个单子要求买入 Nordson 公司的股票，该公司主要生产工业用液体、粉末涂料、黏合剂和密封剂的精密点胶设备。[①] 他希望单子可以直接进入暗池，不要在大盘市场上被看到，且要求每股支付价格不高于 70.49 美元，即当前买卖价格的平均值，但市场价格保持不变。他然后将另一个单子发送到大盘或者是"明"市场，价格从中点下降到 70.47 美元时卖出 Nordson 股票。几乎同时，他在暗池的买单被执行了。他比应该支付的每股多支出 2 分钱。可见，拥有超快计算机的某些人隐藏在暗池中。

为抚慰议员 Kaufman，SEC 迅速向 Kevin Cronin 及巴步森学院的 Michael Goldstein 教授发出邀请，Kevin Cronin 是 INVESCO 负责全球期权交易的董事，Michael Goldstein 建议为电脑交易设定速度限制。另一个教授也受邀成为独立专家，后来证实，他是某些高频交易公司聘请的顾问，这让 Kaufman 更加生气。

麻省理工学院教授 Simon Johnson，在 5 月 28 日的《赫芬顿邮报》上描述了被做了手脚的会议，其巧妙地抓住了议员 Kaufman 的失望神情，盘问道："像 SEC 这样专业的采集证据活动，有两点是至关重要的，一是达成一个整体共识（'我们有问题吗？关于它我们应该做些什么？'）；二是为管理行为创建一个基础（例如，SEC 甚至不能收集所需的数据以理解 5 月 6 日的事情是如何造成 5 月 6 日的灾难的）。任何曾经将这些相对复杂的讨论放在一起的人，都能证明如何构建这些问题是很重要的。"

SEC 的问题是它历来不想冒犯任何成员。达成共识即意味着 SEC 需起草一个不会使任何人"翻船"的解决方案。因此，SEC 整个夏天都在举行一系列圆桌会议，他们开始疑惑股市好转仿佛是被修改过的。高频交易者，像《西城故事》中的黑帮成员，认为自己并不是坏人，仅仅是受到了误解而已。批评者宣称市场上发生的奇怪事件处于灰色地带，但是其

---

① Scott Patterson, "Fast Traders' New Edge," *The Wall Street Journal*, June 4, 2010.

不能提供确凿的证据。

或许作为议员，最让 Kaufman 感到挫败的经历是他没有使银行委员会主席、议员 Chris Dodd，一位民主党同行，在金融创新立法中加入高频交易和裸卖空。这一法案是他和马萨诸塞州的共和党人、众议院金融服务委员会主席 Barney Frank 提议的。该法案将是华尔街和银行最近 20 年来意义最深远的革新。

Kaufman 议员说："我们走向民众对他们说，'这是一个难以置信的问题。'他们的基本思想是，首先，一定是某些事情导致了市场下降，但是高频交易和裸卖空不是导致那个问题的原因。"

在发生闪电崩盘之后，Kaufman 议员说服弗吉尼亚州的议员 Mark Warner 共同执笔写信给 Dodd，要他在金融改革法案中加入条文，要求 SEC 研究高频交易，并向国会报告研究发现，但是 Dodd 拒绝了。

"不是因为 Dodd 不关心，"Kaufman 说，"恰恰是因为'我们现在不需要'。我们甚至不能让 SEC 进行研究——无论如何，其必须做。"

也许 Dodd 也没有注意自己法案里的每一处细节。由于 2010 年 7 月复杂的条例草案是对前一段的粗略修补，CFTC 的员工愚弄了高频交易行业。CFTC 职员说服参议院农业委员会的共和党和民主党成员，通过法案的一个条款，即允许监管机构禁止它认为"破坏公平和公平交易"的行为。依据法律，商品市场的"电子欺骗"会被立刻禁止。但是似乎没有人注意到，该条款隐藏在共计 2 300 页的商业银行处理信用违约掉期交易的法案中。在《Dodd-Frank 法案》颁布几个月之后，CFTC 将会打击高频交易行业，开始使用法案的"747 部分"控制高频交易在商品市场的活动，即使 SEC 依旧只是在不耐烦地消磨时间。

高频交易行业正受到 Schumer 和 Kaufman 的威胁。其在闪电崩盘后首要的战略行动是建立游说前线以对抗参众两院。高频交易者有期货业协会的支持。新的游说者说服了众议院金融服务委员会的两名共和党成员，阿拉巴马州的 Spencer Bachus 和得克萨斯州的 Jeb Hensarling，他们都是热心于解除管制的人。他们写信给 SEC 主席夏皮罗，建议不要急于做出判断，不要急于为 5 月 6 日事件责怪高频交易者。同时，其还警告夏皮罗当心。因为如果不辜负民众的期望，共和党将在 2010 年 11 月的中期选举中在众议院占据优势。在这种情况下，Bachus 将成为金融服务委员会的主席，监督 SEC 和 CFTC。

SEC 由于急切地想证明自己的勤奋和努力，决定在 6 月中旬进行一个为期 6 个月的整个市场范围内的断路器规则试验，断路器规则能保护在 S&P 500 的个股使其不会发生闪电崩盘。9 月份，SEC 将试验扩展到包括罗素 1 000 指数在内的所有股票。如果在 5 分钟的时间内，股票价格上涨或下跌的幅度达到 10% 或更多，则建议所有的交易所暂停该股票交易 5 分钟。这是高频交易者所赞成的解决方法，毫无疑问它是伪装的。但是，SEC 执行断路器规则比在高速公路上安装减速带要快得多。

事实上，SEC 似乎没能发现影响股票市场因素的真正性质，但是华尔街经验丰富的资产经理发现了。由于高频交易，整个股票市场已经变成一个没有潜在价值的巨大衍生品市场。这和 2007 年信用市场下降时产生的现象是一样的。机器着眼于历史价格偏差及股票价格会回到基本点，机器不关心公司的名字是什么，未来的成长潜力如何。机器是不能区分这些基本信息的，它仅仅能够预测股票价格在接下来的几分钟是上涨还是下跌。但是并不是只有机器不考虑企业的基本信息，市场中的散户也在做趋势游戏，而不是投资。他们希望跟随潮流，追逐趋势。因此，他们倾向于购买股指期货、期权和模仿 S&P 500 或其他经济部门的 ETFs。就小投资者而言，传统的买入持有策略已经造成了很大的损失。市场就像闪电般快速而过的过山车，你必须在市场呼啸着前进到底部之前在价格最高的时候将其卖出。

即使想以老式形式买入股票——倾注大量的钱财，也需考虑明星分析师的观点——人们会发现随着时间的流逝自己将处于劣势。可信的廉价分析报告现在已经成了珍品，投资者为赚钱不得不花钱。他们订阅诸如《价值线》或《市场指导》等，其会对公司进行深入分析。经纪公司不会像过去那样提供给客户很多免费的分析评论，甚至有的公司不再保留分析部门。Eliot Laurence Spitzer 也无意中看到了这些。2002 年，当他任纽约总检察长时，他春风得意，揭露了华尔街分析师的谎言。对于那些与他们的公司有利益关系的投资银行，分析师们在其分析报告中从未写过一个让人觉得气馁的字。Spitzer 要求所有的华尔街公司同意将分析师薪酬同投资银行活动相分离。

遭受 Spitzer 炮火轰击的一个分析师是 Henry Blodgett，他曾经在美林证券公司的高科技公司工作。2001 年，被愤怒的皇后区儿科医生 Debases Kanjilal 控告，后者在 Infospace 股票上损失了 500 000 美元，该公司发明了著名的互联网搜索引擎。在"科技灾难"期间，互联网初创者开始迅速赔钱。互联网泡沫破灭，对高科技公司股票价格的预期跌到谷底的时候，投资者损失了 4.7 万亿美元。

Kanjilal 先生宣称在股价为 60 美元的时候，他的美林证券公司经纪人要求他不要卖掉股票，因为这是 Blodgett 赞成的。到其不再听从经纪人的劝告卖掉股票的时候，每股成交价仅为 11 美元，而且它最终跌到了 3 美元。

Kanjilal 说："我损失了孩子的所有教育基金。我伤心欲绝，我愤怒，我沮丧不已，这让我彻底失望了。"[1]

他在 2001 年 3 月对美林证券公司提出仲裁请求，认为 Blodgett 通过欺骗促销与投资银行业务有关的公司股票误导了投资者。Spitzer 嗅到这是一个好案子，于是决定进行调查。几星期之后，他公布了 Blodgett 的 e-mail。在 e-mail 中，Blodgett 提到他推荐的某些股票是"垃圾"。[2]

公司的投资银行部一直向那些将报告免费分发给大小客户的分析师行贿。从伦理上讲，解除投资银行部和分析师的联系是有意义的，但是从实践的观点看，这不是最明智的方法。而 Spitzer 却将"婴儿与洗澡水"一起倒掉了。

并不是所有的分析报告都带有欺诈性。一些分析师是相当好的，提供了除资产负债表、比率和现金流之外的分析。分析师精于行业消息，知道竞争对手在做什么，对于公司管理和董事也有一定的了解，部分是因为投资银行家在和分析师承销共享前进行了详尽的调查。一些投资银行家会和公司高管定期打高尔夫球，以获知最细微的公司运行细节。即使是

---

[1]　Andrew Serwer, "They're Mad as Hell at the Market…But There isn't Much Investors Can Do About It," *Fortune*, April 2, 2001.

[2]　Marcia Vickers and Mike France, "How Corrupt Is Wall Street？" *Bloomberg Businessweek*, May 13, 2002.

Blodgett，在他的鼎盛时期也做了一些著名的有利于投资者的预测，最著名的是关于 Amazon 的预测。他是公司早期的支持者，投资者通过他的建议（美林证券公司免费将其提供给客户）赚了很多钱。类似地，其他公司也将分析师的报告提供给客户。现在，分析师和投资银行家各司其职，不仅如此，现在研究部门也变为自食其力了。

一方面，分析师为他们自己的公司带来的收入很少，客户不愿意购买曾经免费赠给他们的报告；另一方面，在银行和大型投资银行的专有交易台工作的定量分析师，却能带来巨额利润，他们不关心有关基本面的极微小事件。公司抛开分析师，在高频交易上投资。Spitzer 当时未认识到这一点，但是他改变了市场中的关系，而这将进一步加剧 2010 年 5 月 6 日市场的下跌。

简而言之，零售客户必须进行他自己的基本面研究。这不是件容易的差事，它需要时间、耐心和关注。一位资产经理说："这些人做得并不够。他们依赖于像社会网络、聊天室这样的地方以获得短小精悍的言语，而不是详细的基本分析。这是证券市场发生的根本性变化。"

Jeff Engelberg，Southeastern Asset Management 的资深交易员，在 2010 年 6 月 22 日的听证会上告诉 SEC："我们相信随着时间的推移，跨市场参与将会增加，平均持有期也会缩短，对于基础证券有很少基本知识甚至没有基本知识要求的积极策略的数量也会显著增加。结果，无论是通过预先设置的止损指令还是实时恐慌来结束头寸，许多市场参与者并不知道他们拥有的业务是什么。这种无知使不良情况变得更糟糕。"

这些情况反映在 2007 年的信用市场恐慌上，当时大银行认识到其根本不了解自己所持有的贷款证券的基本情况，因而不能进行估值。一度被视作财富的工具变成了废物。仅仅因为其他人在购买贷款证券，银行和经纪公司也就购买了贷款证券，它们依赖评级机构的尽职调查而不是自己的仔细校核。Michael Lewis 在《大空头》中回忆道："就像在看无思想的、自己不会停下来的机器。"①

　　华尔街从抵押市场崩溃引发的信用违约惨败中汲取的教训很少。无思想的机器仍在运转，但这次是以逃跑的速度在运转。

---

① Michael Lewis, *The Big Short*, New York：W. W. Norton &Co. , 2010, Kindle Edition. Location 2381－2386.

第 19 章

义务警员

2010 年 SEC 所面临的问题是，在它从所有的交易所及其他有着买卖盘传递历史的交易中心得到数据之前，它不能确定高频交易是天使还是魔鬼。SEC 在收集这些硬数据，但是这个过程需要几个月的时间，而且，SEC 机构没有计算能力处理这些数据。它计划建立一个系统，但是在 2010 年夏天，它必须依赖交易所，而交易所是众所周知的"守卫鸡舍的老狐狸"。

议员 Kaufman 的得力助手 Connaughton 抱怨道："你们在某种程度上已经打开了局面，你们已经得到了更多的客观分析。你们唯一能做的即是收集数据，延时将其提供给公众。"这是 Wiki 世界的方法，学者和计算机怪才也乐于使用它。这是一种与官僚机构长期教育的要小心翼翼保护领地背道而驰的方法。

SEC 正在以一般的方式处理闪电崩盘与高频交易的相关问题。机构设立了运转中制定规则的过程——这个过程冗长而缓慢，在过去，管理者曾为使相互敌对的多方尽量达成一致意见花费了 3 年的时间。在这些规则的制定过程中，SEC 倾向于过分相信软数据，即来自于公众和行业的意见，这也反映了机构中律师的影响力。由于临时配备的陪审团存在竞争利益，因此很难改善如此复杂的市场。

　　Connaughton 曾早在元月，在长期的意见收集过程一开始时就告诉 SEC 的职员："我现在就能告诉你们，从概念发布返回来的 98% 的意见将是人们告诉你每一件事都是重大的。"Joan C. Conley 是主要证券交易所 NASDAQ OMX 的资深副董事长和公司秘书。他于 4 月 30 日，闪电崩盘前一星期向委员会提交了特别行业意见："NASDAQ OMX 市场和投资者已经从委员会'百花齐放'的政策中得到了好处。现在 200 多个市场中心上交执行和路径质量统计报告，十几个交易所提供参考价格。市场结构将通过确保最大可能的参与组合而不是试图划分等级或在其他方面提升一些投资者的地位而为投资者提供最好的服务。多样化交易利益和策略的开放式交互作用——无论长期、短期、散户、机构或者是自有交易——都促进了持续不断的创新与效率。一旦诽谤或排除市场参与者，如高速自动交易者，就会破坏委员会政策历史上崇尚竞争的传统。"

　　同一天，SEC 收到了 James J. Angel 的建议信，他是博士、注册金融分析师、乔治敦大学商学院金融学副教授。他在信中说："证券市场结构比以前运行得更好，所以不要干扰它。"他确实预见市场可能需要"高频断路器"，这些统计意义上的"绊网"是为了停止那些以不寻常的速度上升或下降的特定股票的交易。

　　虽然 SEC 还没有与时俱进，但是由于因特网的存在，世界已经改变了。SEC 不再具有足够的向心力保持其备受争议的市场结构中心的位置，更不用说控制它了。因特网使整个过程民主化，但数以千计的不负责任的批评出现了，而且还发生了许多事件，5 月 6 日的事件显著地引起了公众短暂的注意。个股也有一系列的微闪电崩盘。2010 年 6 月 2 日，自动柜员机制造者 Diebold 公司的股价，1 分钟内急剧下跌了 35%，从每股 28 美元跌到 18 美元，然后恢复平稳反弹回来。3 分钟后，权威通讯社开始报道 Diebold 利用先前宣称的和 SEC 的协议，支付 2 500 万的罚款以解除对它的指控，因为它虚夸了 2002—2007 年的盈利。怪异的闪电般快速的价格运动有着内部交易的味道。Kaufman 到参议院要求进行调查，但这样做引发了注意吠声的新闻媒体的微崩溃。

　　"SEC 应该调查消息传播及紧随其后的交易行为，"他说，"SEC 确实下定决心对 Diebold 进行调查，对它的处理先前也已经公布了，不需要再对公司进行新的谴责。但是当抱怨声传到彭博社或其他通讯社时，触发了对爆炸性新闻会即刻做出反应的算法程序。这或许可以解释为什么在 Diebold 的故事公开之前交易行为会有所激增。"

他说，管理者应该检查 Diebold 公司的股价直线下跌是否是高频交易者为应对爆炸新闻而采用交易算法失灵所导致的。

这种类型的算法数年来一直是可以获得的。路透社曾经销售给算法交易者一个系统，该系统允许机器"读"新闻文章，并评价一般情况下新闻故事对某个特定的证券或市场的正面或负面影响。路透社的广告是，"系统将使客户分析数千家公司的新闻成为可能，而且远快于人工分析。这将使交易设备能在毫秒内对市场的变动做出反应。"道琼斯销售的 20 年的金融新闻数据使交易者能够编写出算法，机器可以领会过去的新闻是如何影响市场及特定股票的，这样机器就能够预测未来的类似新闻故事的影响。

由于意识到这些，Kaufman 在众议院的演讲中告诫 SEC，"在市场被高频交易者采取的类似策略主导的情况下，一些基于不明确关系的、注重即刻交易的算法的过度反应会诱发灾难性的股价下跌。监管者应该在其计划中增加需要检查的内容——Diebold 公司股价的直线下跌是否是高频交易的结果，因为他们能够订阅市场数据和动态消息，或许已把错误的关系编进了会对重大新闻事件做出反应的算法中。"

然后在 6 月 16 日，总交易量为 766 股的 3 个单子将《华盛顿邮报》的股价在 1 秒钟内推高了 99%，促之从 462.84 美元涨到 929.18 美元。对于 SEC 和交易所来说，这是又一个公开的尴尬。

同月，随着高频交易公司 Getco 雇用了 SEC 的 Elizabeth King 为它的管理人员，Kaufman 的愤怒上升到了新的层次。King 是 SEC 交易和市场部门的副主任，并且从表面上看其业务涉及对高频交易问题的研究。他再次走进了参议院。

Kaufman 说："这是又一个最坏程度的管制战利品的例子。鉴于他们的知识和经历，华尔街公司雇用 SEC 职员是一回事，而高频交易公司的领导者 Getco，伸手到 SEC 的交易和市场部雇用一个高级官员则是另外一回事。假设该官员曾接近或可能实质性涉及一个主要的进行中的委员会审查，而该审查是关于市场结构和证券市场中的高频交易问题的，则审查应该导致制定另外的关系到 Getco 的交易战略。"

Kaufman 的演讲催生了更多的关于高频交易行业的负面新闻，也吸引了爱荷华州参议员 Charles Grassley 的眼球，他是金融委员会的资深共和党人。Grassley 长期批评政府监管者和国会山职员在职权范围内利用其职位在私人部门的公司谋取更高的收入。他给 SEC 的总检察官 David Kotz 写信，要求该机构调查"旋转门"事件。他引用了 2010 年 4 月 5 日《华尔街日报》的一篇文章，该文报道了大量的 SEC 雇员离开委员会不久就代表客户了。作者 Tom McGinty 发现委员会低水平的职员在离开机构之后，就能够合法地代表客户出现在 SEC，只要他们提交了公开信。

Kotz 告诉 Grassley 他正在调查这件事，而这又引发了一个有关 SEC 和高频交易调查的负面新闻。

McGinty 引用了 John P. Freeman 的研究，后者是前 SEC 律师，南卡罗来纳州大学法学院讲授职业和商业道德的教授。他的研究表明，大部分 SEC 职员后来去他们曾经监管过的行业工作。

"在 SEC 受过的训练和经历正好可以用来为与投资者利益相反的工作谋取好处，"Freeman 先生说。

大约同一时间，FIA Principal Traders Group，期货业协会成立的帮助形成高频交易者新闻报道的一个小组，签约了前 SEC 首席经济学家 James Overdahl 为其发言人。Overdahl 先生从 2007 年 7 月到 2010 年 3 月 31 日在 SEC 工作。他离开后加入了位于华盛顿特区的一个经济咨询公司。他的新角色虽然完全合法，但却是更多关于对高频交易行业监管惬意的负面故事的源泉。

SEC 开始感到有些压力，主席夏皮罗在 2010 年 6 月 10 日的蒙特利尔会议上告诉跨国监管者她的机构需要"探索是否应该调节出价和单子的速度，如果这样，破坏长期投资和市场配置资本功能的毫秒竞赛的刺激就会减少"。当然，"探索"和"执行"之间存在着显著的差异。Kaufman 要 SEC 积极监督高频交易部门，那是一个相当难以控驭的领域。他的"咒语"是："如果你不能控制它，而它是不透明的，涉及许多钱，那么它就会爆炸。"

Kaufman 的任期即将届满，他的任期截至 2010 年年底。SEC 却能把事情拖延几年。

"我认为夏皮罗说的许多事情是有意义的，她确实对工作很感兴趣。我们有达成一致的愿望。但是，你无法使这些人达成一致意见，如果我一年赚了 10 亿美元，你要做些改变。我就赚不到 10 亿，那么你就永远不会得到我的同意，" Kaufman 说。[①]

他不知道如何给夏皮罗最后一个有效推动。他仅仅要求增加有关高频交易的报告以使市场部门透明，要求 SEC 更好地监督市场行为，而不是以增加"监管大炮"为主。阳光越早照到市场中的高频交易角落越好，但是 SEC 的行动犹如冰川，"敏捷"这个词似乎在 SEC 的词典中消失了。于是，大量的"骑兵"冲到了 Kaufman 的营地。

---

① Interview with author, September 2010

第 20 章

潮流逆转

Eric Scott Hunsader，是一个很少在华尔街或华盛顿特区出现的人。虽然曾听说，他在 2010 年 6 月主流新闻媒体所报道的曾轰动一时的指控中，改变了关于高频交易的论调。自制软件和股市专家 Hunsader 和其公司的软件工程师 Jeffrey Donovan 分析了 5 月 6 日所有市场和交易所的数据，得出的结论是：由于在闪电崩盘发生前几分钟有数以千计的单子涌入，交易商故意放慢了那天的证券交易汇总记录带，因此导致了巨大的混乱。Hunsader 的进一步研究表明，交易商每天都在玩这种游戏，这样他们就能从多个交易所汇总记录带操作的价差中赚钱。这的确是一个轰动性的指控。事实上，它是如此轰动以至于 SEC 的监管者高度怀疑其准确性。汇总记录带在 5 月 6 日确实相当慢，慢了 35 秒。在 Hunsader 把这一消息带来之前，无论是监管者还是交易所都没有注意到这一事实。虽然他的其余指控似乎是不可思议的，但是监管者不能否认 Hunsader 的理论，因为汇总记录带的速度慢了是千真万确的事实。

一方面，汇总记录带显示了从个别交易所到更广阔的市场的价格信息，散户依赖汇总记录带来确定买卖股票的价格；另一方面，高频交易者从每个交易所订阅直接供应数据，在价格传送到汇总记录带之前他们就可以看到。SEC 认为，高频交易者的时间优先大约是 1 毫秒，Hunsader 说他的数据表明实际上是数百毫秒。如果高频交易者掌握市场方面的优先知识并领先运用这些知识，他们就能够比依靠较慢数据的投资者赚取更多的钱。理论上来说，高频交易者能在普通大众认识到市场将走低之前抛出股票，或者在汇总记录带记录趋势明朗之前抢购价格即将走高的股票。

Hunsader 宣称，高频交易者每天多次向交易所发送大板股票或股票组合的报价，他们以每秒 20 000 次的速度发送，而通常的速度是每秒 10 000 次。信息流量处在每秒至少 20 000 次的时间越长，汇总记录带的速度就越慢。Hunsader 称这种策略为"报价拥堵"，它立即引发了公众对股票市场的不信任。

他的数据表明，在 2010 年 4 月 28 日，"报价拥堵"已经诱发了一些股票宝洁和沃尔玛的一个超微型的闪电崩盘，仅在 2 秒钟内其股价就下跌了 50 美分，然后又完全反弹——对于高频交易者抛售股票（他们低价买入然后卖出）赚得正常的 1 分钱的买卖价差来说，这个时间绰绰有余。他断言："这和 5 月 6 日的情况诡异地相似。"①

Hunsader 是位于伊利诺伊州的温内特卡的小公司 Nanex 的创始人。该公司从证券、期权、期货、期货期权和其他交易所收集交易和报价数据，对其进行标准化，并进行压缩，经由互联网发布到订阅者的个人计算机上，客户主要是大机构和散户。

1984 年，Hunsader 毕业于维克森林大学后就开始了他的股市职业生涯。他是佛罗里达州布雷登顿居民，曾希望成为一个医生，但是当他在堡曼·格雷医学院的面试结束后，他顿悟了——他并不是真的想成为一名医生，他决定尝试日间交易。

当然，当时正处于开始于 1982 年第二季度的里根牛市中期。DJIA 在前一年的"微退"后，于 1984 年达到新高。Hunsader 上大学时存了 6 000 美元，他大胆地拿出 4 000 美元购买了最好的 IBM 个人计算机，订购了报价系统交易 S&P 500 期货。一年后，他赚了 5 000 美元购买了第二台计算机。

不久，Hunsader 开始讨厌交易。因为要成功就必须遵循严格的规则，

---

① Jim McTague, "Was the Flash Crash Rigged?" *Barron's Magazine.* August 30, 2010.

而且这并不需要他的创造力。1985 年，他去了当地的一家书店，看到 C 程序语言手册，便开始如饥似渴地学习。Hunsader 很快便成为了这一领域的专家。他编写程序用以从芝加哥商品交易所收集数据并传到公告栏，个人计算机通过上网就可以得到。然后，他创办了自己的公司来销售公告栏服务，后来获得了相当丰厚的利润。这一版本的服务于 2010 年仍在销售，足以证明它是长期有用的。

Hunsader 婚后搬到伊利诺伊州，因为他的妻子认为那才是生活的好地方，也是他下一个开展风险事业（Nanex）的理想地方，因为它临近期货市场。

2010 年 6 月 24 日，Hunsader 把对闪电崩盘的分析发布到公司的网页上，以启迪他的订阅者。研究就像野火一样迅速蔓延，总之，它像病毒一样传播开来，内容被发布到其他网页，成为博客们争相讨论的热门话题。Andrei Kirilenko，商品期货交易委员会（CFTC）资深金融经济学家，访问了网页，查看是什么引起了喧闹。Hunsader 的研究足以引发 7 月 8 日在 CFTC 总部召集程序员就他的发现进行研讨。

Hunsader 原以为他仅陈述 1 小时左右，但是 CFTC 让他待了一整天。他和 100 多个 CFTC 职员的讨论被多址传送到 CFTC 的数个城市的地区办事处。他详细介绍了自己的研究，建议监管者从交易所获得期货数据来证实他的报价拥堵理论。CFTC 委员 Scott O' Malia 与 Hunsader 进行了 45 分钟的简要访谈，Malia 任技术问题咨询小组的主席。

接下来，CFTC 把他们的一个程序员送到 Nanex 两天，学习操作数据。Hunsader 使他们相信，从理论上来说算法交易可能会放慢汇总记录带。对于 5 月 6 日或其他日子究竟发生了什么，在得出结论之前他们想自己整合数据。

CFTC 职员对 Hunsader 的陈述印象深刻，使得 SEC 职员也希望同他会谈。但是，SEC 职员对他的建议并未作出热情回应。在他们看来，轰动性的指控应有轰动性的事实，而他们恰恰没有看 Nanex 的数据。记录带放慢的一个原因是 NYSE 崩盘那天大约一半的上市股票在升级数据供给。有 3 个 SEC 代表参加了 CFTC 项目，听取了 Hunsader 的演讲，但是他们的印象并不是特别深刻。"我们将开始考虑它"是他们对 CFTC 听证的反应。①

SEC 职员专注于找到闪电崩盘的直接原因，他们忽视了 Hunsader 指控的意义。他告诉他们市场每天都被"报价拥堵"操纵。他们的反应是："这和 5 月 6 日有什么关系？'报价拥堵'能引起市场崩盘吗？"② 这使 CFTC 成员感到很苦恼，因为他们相信"报价拥堵"在理论上是可能的。

SEC 人员持怀疑态度有其他原因。NYSE 不能复制 Hunsader 的发现，而且 SEC 的监管者更倾向于相信交易所而不是一些非主流的"专家"。Hunsader 是一张新面孔——其完全不知道的一个人，这令 SEC 职员感到高度不安。他们也听到了在高频公司工作的受过麻省理工大学教育的物理学家和数学家嘲笑 Hunsader 的理论是想入非非。他们煞有介事地问道："任何严肃的专家如何应用从汇总记录带得到的数据做一个科学合理的研究？"他们认为记录带的数据不值得信任，真正的好数据是交易所直接提供给像高频交易者这样的订购者的。如果 Hunsader 分析了这些数据并发现存在问题，他们认为还比较可信。他们也在为整天时不时的"交易冲浪"努力寻找其他更合理的解释。一些高频交易公司或许在试验新的策略，运用偏离流行的最佳出价与最佳卖价的价格，因为他们不希望试验单子得到满足。一些高频交易者或许会通过不断发送没有成交希望的单子给交易所来测试他们的计算潜力，深查需要多长时间才能收到单子。

不像 SEC 的职员，CFTC 的职员不受这些证据影响。在他们看来，是否存在"报价拥堵"并不重要。重要的是"报价拥堵"似乎在理论上是可能的，如果理论上可能，那么市场结构中就存在严重的应该处理的缺陷。CFTC 职员对 SEC 看似是有些烦恼，实际上是非常烦恼，他们威胁 SEC 如果不进行调查他们就自己调查，那样做对哪一个机构都没有好处，因为摩擦将会使投资者产生对"联合"调查可信度的怀疑。但是，证券市场是 SEC 的地盘。新闻媒体宣传这是 Hatfield 和 McCoy 式的世仇，CFTC 责怪 SEC 懒惰。

2010 年 7 月 19 日，SEC 邀请 Hunsader 到它的总部交流了一个半小时。工作人员彬彬有礼，但是 Hunsader 觉得他们并未领会他的意思。

---

① Author interview with a confidential source within the CFTC.
② Author interview with Eric Scott Hunsader, August 24, 2010.

Hunsader 后来说："CFTC 真的懂得了。我想如果由他们负责，你就会看到事情真的在进行当中。"

他认为 SEC "担心成为根源"。

"他们不需要创新规则控制这件事，他们需要做的是加强 NMS 规则，这是他们花费了上帝才知道是多少数额的税款才制定出来的。公然违反的事情一直在发生，要么是他们未真正理解，要么是交易所在向后拉他们，总之，他们害怕做任何事情。"

大约在这个时候，CFTC 职员接触参议院和众议院农业委员会成员，说服立法者将 747 部分加入《Dodd-Frank 法案》，这样至少他们可以在商品交易所监管高频交易。然而，夏皮罗和她的团队含糊其辞，而 Gensler 和他的团队忙于排挤 SEC 领先的市场监管地位。

2010 年 8 月，《大西洋》杂志把 Hunsader 的数据信息带给了全世界。在《纽约时报》、《巴伦》、《华尔街日报》中，有很多重复的相关新闻报道。CFTC 委员 Bart Chilton 在 8 月 11 日 CFTC-SEC 联合委员会的公开会议上，强烈要求小组成员进一步考虑高频交易者利用汇总记录带的时间延迟优势的可能性，他的这一要求使问题变得敏感起来。

"我无法相信我们对此问题已经考虑得足够多了"，他后来说道。"他们鼓动并利用了时间差异吗？如果他们鼓动了，那将会是一个真正的大问题。"

Hunsader 的可信性在增加。高频交易的拥护者曾经声明他们仅给市场带来了好处，Hunsader 的数据明确地表明这是另外一回事。他似乎更聪明一些。Hunsader 已经进行了 SEC 应该做的研究，为闪电崩盘准备了初步报告。

另外，SEC 的可信性在萎缩。小公司业主能够生成表明汇总记录带变慢的数据，而 SEC 因为缺少技术而做不到，这太令公众惊骇，这使认为自己是市场警察的机构感到很尴尬。现在，全世界都知道 SEC 几乎是全盲的。如果缺少挖掘市场问题根源所需的基本工具，夏皮罗的 SEC 如何恢复投资者对市场的信心呢？

第 21 章

快报炸弹

当 Michael Cembalest 谈到市场时，人们会很关注。他是摩根大通私人银行的首席投资官，监督着价值 1 万亿美元的投资。他的观点至关重要，因此，2010 年 7 月 13 日，当他在给客户的双周刊《市场眼睛》的快报中严厉批评高频交易的某些方面的时候，引起了华尔街的轰动，也引起了华盛顿特区的轰动。

Cembalest 断言高频交易在侵蚀人们对证券市场的信心，SEC 需要立即采取措施逆转这一恼人的趋势。

Jim Cramer，CNBC 最受欢迎的 Mad Money 节目主持人，得到了快报的复印件，在他的节目中其进行了详细的讨论。快报的另一个复印件被传到了因特网上，像 Hunsader 的"报价拥堵"研究一样，也像病毒一样被迅速传播。Cembalest 因为敢于说出行业内其他人相信但是不愿说出的事实而一夜成名，那就是投资者逃离证券市场是闪电崩盘和高频交易的后果。

在 Cembalest 写快报的时候，散户已经连续 18 个星期从国内股票共同基金撤回现金。

高频交易者曾经一直希望他们的行业代表能够进步，这种进步对市场会起到积极作用。Cembalest 回应这一主张，他写道："定义所有形式的创新为进步是后现代的诱惑，但是二者之间存在很大的差异。一个例子是：某些形式的基因工程可能会实现，但它们或许不是人们想要的。一些倒退的创新随着时间的流逝日益明显（例如，过度使用抗生素会导致生成更多剧毒菌；物种移植会使地方种群损失惨重）。一些衍生活动（如 CDO 三次方）以强烈的负面震动结束了创新。对出现不希望结果的创新提出问题的，不一定就是勒德分子，尤其是当涉及金融服务的时候。有争议的不是电子交易的倒退创新，而是一直在进行的调整。"

当然，高频交易缩小了价差，降低了其他交易成本。但是在 Cembalest 看来，这些节约被隐含的成本抵消了。他引用了一个研究，该研究估计高频交易跟踪算法对机构交易者来说执行成本增加了 1.5 倍到 3 倍。

Cembalest 看到了人口发生的变化，美国的存款率会增加到 7%，达到 25 年以来的最高水平。如果美国想拥有一个充满活力的资本市场，它就要将存款吸引到证券市场。Cembalest 相信好的政策能带来有效定价，这可通过十进制和具有更深流动性、稳定性和公平观念的自动选择市场得到；否则，这些钱将会留在边线上。

"你怎样让美国的存款流通？这是联邦储备也不愿做的繁重事情。这个赌注很高，"他说。

关于高频交易，Kaufman 也在继续施压。2010 年 8 月 5 日，他写信给夏皮罗抨击机构做事磨蹭。他说，SEC 和 FINRA 必须监控高频交易世界的"野生西部生态环境"，积极监管市场的这一角落的非法交易。他还建议，SEC 禁止高频交易者先于汇总记录带获得价格。

以 SEC 运行的速度，可能需要 3 年的时间才能解决 Kaufman 描述的问题。然而在此期间，投资者会怀疑证券市场的稳定性和公平性。

"如果委员会有意愿，那就会出台更快的实现方法，"Kaufman 挑战地说。

闪电崩盘发生后，关于快报和公众对市场失去信心的闲言碎语比比皆是——这种闲言碎语太多了，管理者无法忽略。不仅公众从市场撤资对经济来说是不祥的预兆，而且对夏皮罗和 Gensler 的政治靠山总统奥巴马也是不利的，因为全国失业率为 9.5%，导致他的支持率下降。

　　夏皮罗的政治本能和美好的协调本能立即发挥了作用。在媒体和 Kaufman 的可视压力下，她最终开始领会闪电崩盘造成的危机的大小。在劳工节假期周末后的那天，当新闻媒体渴望发生新闻的时候，夏皮罗在纽约经济俱乐部发表了关于闪电崩盘的新演讲。她第一次强调市场主要是用来形成资本的，而资本是经济增长的重要引擎。

　　"我们的市场对我们的经济增长速度和创造就业有着深远的影响，而且影响着数百万美国人的福利，他们指望着用这些钱上大学或退休养老，"她说。她注意到股票市场崩溃时，投资者撤资，公司成本增加，而增长减缓。事实表明市场真的已经崩溃了，自从闪电崩盘后每个星期都有散户从证券共同基金中撤资。

　　她的言论令 Kaufman 和 Connaughton 狂喜。夏皮罗最终为长期投资者说话了。

　　那天夏皮罗总结道："重要的问题是我们的组织达到或没有达到目标的程度如何，这些目标包括公平、效率和市场透明。我们怎样改变组织才能保留优势消除瑕疵？回答这些问题是不容易的，但是我知道：为强化我们的证券市场，组织的努力、认真的工作将给投资者、公司和整个经济带来重要好处。"

　　但是，她什么时候会采取行动呢？

　　6 天之后，FINRA，经纪公司的行业融资监管者，宣布对 Trillium Brokerage Services LLC 的当事人和雇员处以巨额罚款，使其暂停营业，以解决 2006 年 11 月 1 日到 2007 年元月 31 日 46 000 个高频交易指控。尽管这个案件并不新鲜，但是具有象征意义。监管者对政治家、公众和市场宣布，他们掌握了高频交易的情况并意欲进行监管。他们告诉国会他们知道其对高频交易的关心，会认真防范。这仿佛是一个幻觉，在传统商业新闻中没有人理解。Trillium 是老式的日间交易公司之一，不是高频交易公司。它的所谓罪行涉及人工交易者，他们试图采用一种称之为"分层"的老式方法打败其他的自动交易机器。FINRA 就像一个抓住了偷自行车贼的警察部门，突然说自己抓住的是盗窃豪华汽车的大罪犯，这样他们打击犯罪的统计数字就更有吸引力。

　　2010 年元月，FINRA 开始查看 Trillium 的记录。6 个月之后，7 月份，该案子一切就绪。但是监管者想等到一个"黄金时点"再宣布，因为那时会产生最大的影响。所以他们一直等到劳工节之后，传统的竞选季开始。当时，很显然民主党正面临着11月2日的灾难，因为该党没能恢复经济。实际上，他们胜了，民主党设法保住了在参议院的席位，超出共和党6个席位。但是，在众议院的选举中，民主党失去了61个席位，也失去了对众议院的控制。

受欢迎的路透社金融博客 Felix Salmon，一个市场专家，立即看穿了 Trillium 事件。他写道："Trillium 操纵了市场，自然要对其进行罚款。但是，把它描绘成对高频交易的第一次战斗有点夸张——因为 Trillium 根本没有做过任何高频交易。是的，FINRA 确实说 Trillium 的分层是一个'不合适的高频交易策略'。但是从根本上说，它犯的是方向错误，而不是速度上的错误。"[1]

分层是一个直接的欺诈。Salmon 提供了 XYZ 股票以 24.50 美元买入，24.55 美元沽出的一个例子。想卖出股票的交易者可能会简单拍板成交并接受 24.50 美元的价格，或者她选择输入 24.54 美元的卖出单子期冀某些人能够购买。Salmon 说，那样会得到一个比较好的结果，因为交易者将得到更好的价格，以及来自交易所的担当"流动提供者"的一个小折扣。不利之处是，在在那个价位上可能没有购买者。

现在，如果交易者是一个合谋者，她可能在暗池里放置一个隐藏的 24.54 美元的供给，这是合法的。这意味着供给在暗池里，在公共市场或"明"市场中没有人看得到。然后，Salmon 描述的卑鄙部分出现了：交易者输入大量公开可见的出价 24.48 或 24.47 美元的单子。切记，她希望卖掉 XYZ，而不是买入。她在努力使得看似购买 XYZ 有利可图，要知道任何电子交易算法都是根据买入股数和卖出股数决定单子深度的，或者简单地说，根据可见的供给量和可见的需求量决定。无辜的设计算法将成为交易策略。

"于是，他们开始输入自己的出价：24.51 美元、24.52 美元、24.53 美元。他们都试图在市场上出现新的大买家之前进行交易。很快，当他们

---

① Felix Salmon, "Trillium Wasn't Quote Stuffing," blogs. reuters. com, September 14, 2010.

出价 24.54 美元时，他们从 Trillium 那找到了隐藏的卖单，Trillium 提供了很好的价格，提供了流动性。这一切刚发生，那些骗人的 24.48 美元、24.47 美元的出价就突然消失了。但是，受害者是那些张贴公开买单而且希望以此交易的天真的交易者（或算法），"Salmon 解释道。[①]

高频交易者曾经是 Trillium 的受害者，但是 FINRA 使高频交易者看起来像是加害者。这里更多的是演戏，而不是事实。FINRA 必须和 SEC 协调它的公告，这使人们开始怀疑夏皮罗的初衷。

---

① 同上。

第 22 章

替罪羊

      CFTC 和 SEC 在 2010 年 10 月 1 日发布了期待已久的关于闪电崩盘的报告，它掷地有声。标题是"关于 2010 年 5 月 6 日市场事件的调查结果"，副标题是"CFTC-SEC 联合咨询委员的职员关于监管问题的报告"。在执行摘要中，它对崩盘进行解释时，把大量的责任归咎于一方，而对更有过失的另一方却轻描淡写地进行了指责。几乎没有新闻报告获得了更多可以公开报告的内容，因此其新闻无批判性地重复着有倾向的故事，即"共同基金家族"的一个大的单一的不顾后果的交易引发了 5 月 6 日巨大的抛售事件。案子结了，对于"寡妇和孤儿"来说，市场再次安全了。

      但是，SEC 所言的仔细审查并不能阻止人们有所怀疑。该机构的论点非常滑稽可笑，就像媒体报道的 1871 年的芝加哥大火是由 Catherine O'Leary 家的奶牛引起的，而不是因为有缺陷的城市建筑规范及火警系统。2010 年 5 月 6 日的市场结构在抛售浪潮的压力下不能执行它应该执行的功能。监管者建造了一个不稳定的"大厦"，并勉强认可它。他们到处寻找替罪羊，然而在某一个地方真正的罪犯应该被发现：真相。因此，他们把责任归咎于媒体认定的位于堪萨斯州欧弗兰帕克的 Waddell & Reed 公司，从而结束了调查。

路透社的记者两天前问夏皮罗如何考虑公众对结果的反应。她回应道："我想他们会有信心，他们相信 SEC 和 CFTC 人员在这次调查之后对于市场有了深刻的理解，我们对于如何进一步行动将会有新的想法。"

她必须双手合十祈祷这些将会得到证实：散户依然在观望，尽管九月是 71 年来 S&P 500 单月收益最好的一个月。股票市场总成交量在第三季度惊人地下降了 25%，交易所的利润在下降，华尔街急需援助。显然，夏皮罗认为报告会捣鬼，但是她错了，市场仍然是不稳定的，高频交易者依然主导着市场行为。在这种情况下，SEC 的报告很难消除人们的疑虑。2010 年 10 月 4 日，《今日美国》的新闻标题是"闪电崩盘之谜已经解开，但却没有修正建议"。记者 Adam Shell 认为，"对 5 月 6 日闪电崩盘的报告反应冷淡，是因为 SEC 和 CFTC 周五发布的报告集中回答了一个问题：发生了什么？报告没有做的是：列出一个能够修正市场结构缺陷的计划。遗漏是很明显的，因为投资者保持着对市场的高度不信任"。

监管者，即使是那些批评调查行为的监管者，面对公众的质疑也表现出一致性。

"我们今天比过去更富足，"CFTC 的 Chilton 说。SEC 已经调整了断路器，尽管他承认这一步或多或少是"创可贴方法"，但他在电视上说，该行为对于阻止另一场闪电崩盘而言已经足够了。

然而，投资大众真的富裕了吗？闪电崩盘报告的主要内容——满是行话的章节在执行摘要之后——描绘了崩盘那天糟糕的市场条件。公众和媒体并不明白，因为其很难理解那些莫名其妙的话。好像官僚当局有意忽略其他市场因素在价格急剧下跌中的作用。仔细阅读报告会发现，是交易公司和高频交易者的行为造成了恐慌，而不是 Waddell & Reed 公司的套利股票组合。

报告将发生闪电崩盘归咎于 Waddell & Reed 的交易在多个层次上有缺陷。它说，公司采用了错误的算法，该算法把太多的股票太快地投入市场，考虑到恐慌的程度和 E-mini 期货合约流动性的稀释，这是错误的做法。报告声称的单子大小是 75 000 E-mini 合约，价值 41 亿美元。

"对于如何执行一个大单子，通常客户会有多种选择，"报告注解道。

"首先，客户可以选择一个中介，中介可以执行大宗交易或管理头寸；其次，客户可以选择手工将单子传入市场；再次，客户可以通过满足其价格、时间或交易量要求的自动执行算法进行交易。实际上，客户必须决定执行交易时应掺杂多少人为的因素。"

"这种大的基本交易者选择自动执行算法（"出售算法"）执行这些卖出单子，编写程序把单子输入 2010 年 6 月的 E-mini 市场，把计算前一分钟的交易量的 9% 设定为执行率，但是不考虑价格或时间的因素。"

"在 E-mini 中，这个出售程序自年初开始（从 2010 年元月 1 日到 2010 年 5 月 6 日）在任一交易者的日头寸中产生了最大量的净变动。只有两个相等或较大量的单日出售程序——其中一个由同样大的基本交易者执行——在 5 月 6 日之前的 12 个月内执行。当执行以前的出售程序时，大的基本交易者一般采用组合方式，即在一天中输入人工交易和几个考虑价格、时间及交易量的自动交易算法。在那种情况下，该大型交易者花费了 5 个多小时执行一个大型卖出项目的前 75 000 个合约。"

"然而，在 5 月 6 日，当市场已经处在压力之下时，大型交易者选择的算法仅锁定了交易量，不考虑价格和时间，仅在 20 分钟内就以极快的速度执行了出售程序。"①

"其实，41 亿美元的单子一旦进入算法交易，就好像是在一个脆弱的市场中放置一个自动驾驶仪，" CFTC 主席 Gensler 在 2010 年 10 月 4 日的演讲中说道。

监管者选择了替罪羊，高频交易公司太高兴了，因为其感到自己在闪电崩盘中被免于认定为共犯。David Cummings，高频交易公司 Tradebot Systems Inc 的所有者兼董事长，经由 e-mail 发表了题目为 "Waddell 的愚蠢导致了市场崩溃" 的长篇大论。Cummings 写道："哇！谁输进 41 亿美元的单子却不限制价格？ Waddell & Reed 的交易商表现出了惊人的无能。"

然而，故事也有另外一面，它引起了人们对联合调查报告准确性的怀疑。首先，Waddell & Reed 交易既非不同寻常，也不是非常大。芝加哥商

---

① Report of the staffs of the CFTC and SEC to the Joint Advisory Committee on Emerging Issues, "Findings Regarding the Market Events of May 6, 2010," 2.

品交易所在 10 月 1 日的出版物中明晰了这一点："报告提到的一系列真实的对冲交易，共 75 000 个合约，当机构资产经理开始对冲 75 亿美元的投资组合的部分风险，应对全球经济事件和那天恶化的市场环境。75 000 份合约是 5 月 6 日 E-mini 总交易量 570 万份合约的 1.3%，低于那段时间内执行订单的 9%。在这些单子输入之前，市场情绪显然是良好的，这些单子和它们进入的行为一样，是合法的，与市场惯例是一致的。这些对冲单子是以相对较小的数量进入的，通过共享市场执行交易量 9% 的目标来动态地适应市场流动性。结果市场交易量显著，大约 20 分钟就完成了对冲，随着市场重整而不是下降执行了一多半的参与交易。另外，其他市场参与者不知道这些参与单子的总量大小。"

换句话说，没有一个 E-mini 交易者会由于大单子而恐慌，因为没有办法知道大单子。Waddell & Reed 没有通告说它有 75 000 份合约要出售，市场是匿名的，买卖双方看不到大的卖出单子，只能看到连续行为。而且，公司不像报告所述的那样将大单子输入市场。模拟人工交易行为的算法确保单子代表每 100 个交易中的 9 个。在 20 分钟的下降时间内，只有 35 000 份合约进入了 E-mini 市场，是单子的一半。

其他交易者也同时售卖 E-mini，所以把所有的责任都归咎于 Waddell & Reed，认为是其误导了投资公众。

"公司被妖魔化了——这是一个欺骗游戏，" Themis Trading 的 Arnuk 怒斥道。

根据报告的作者，共同基金交易者从算法策略的下拉菜单中选择了一个算法。[①] 像高盛和 UBS 这样的公司销售整套算法给共同基金，并告诉它们程序将允许它们进行交易而不会扰乱市场。而且，交易者咨询了交易所的经纪人，他们同意算法选择。这并不是轻率的选择。

CME 宣称，S&P E-mini 市场是世界上流动性最强的市场之一。这是真的，它是全世界交易最多的工具，每天交易 24 小时。然而在 5 月 6 日，E-mini 的交易量在下午 2：45 下降到 5 800 万美元，低于当天早上交易量的 1%（见图 22.1）。但是，既不是 Waddell & Reed 也不是数千个其他交

---

① Interview with author.

易者，不公开这一详细信息。当一个爱说笑的人指出来的时候，监管者用了 5 个月的时间才弄清楚。Waddell & Reed 有充足的理由假定它们的单子那天被全部消化掉了。

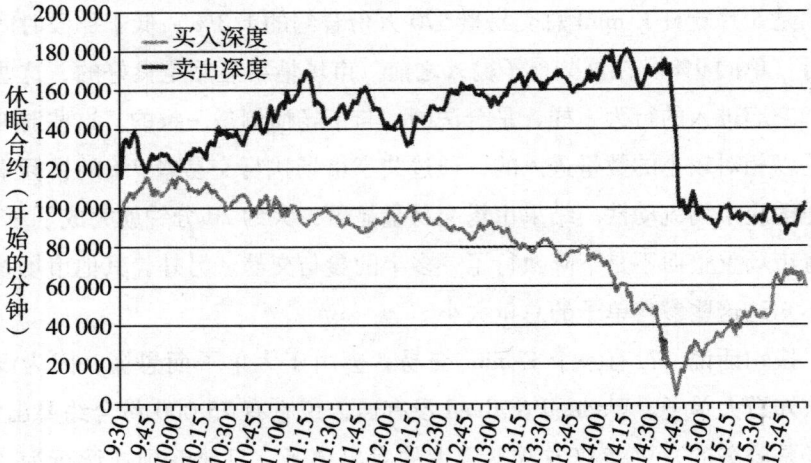

图 22.1　E-Mini 市场深度（所有报价）

资料来源：CFTC and SEC，May 6，2010，Market Event Findings

（在任何情况下，交易者都不能通过显示的流动性得知关于深度的更多信息。在市场波动的时候，市场参与者出于谨慎考虑降低了他们显示的买卖利润。但是这并不总是意味着利润较少。2008 年 10 月，在证券指数市场显示的流动性接近历史最低水平。然而，交易所报告的是高峰交易量。）

联合报告说，高频交易者和其他做市中介可能从 Waddell & Reed 购买了第一批卖单。高频交易者累积了 3 300 份净合约。同时，报告说，高频交易者在他们之间来回交易，可能累积了折扣。他们交易了 140 000 份合约，大约是总交易量的 33%，使深池买入者产生了错觉。但是，他们在下午 2：41 到 2：44 退缩了，只卖出 2 000 份合约。他们停止提供流动性，并开始争夺它，这使 E-mini S&P 500 期货价格变得更低。

报告建议，Waddell & Reed 应该知道高频交易量并不总是等于流动性，特别是在骚乱的交易日子里，这正是高频交易公司和至少一个 SEC 委员曾经断言的。高频交易者宣称，当其他人卖出的时候，他们买入。监管者通常会深信不疑地接受一些胡言乱语，那么为什么不是 Waddell &

Reed 呢？真正的丑闻是 SEC 依国会的指令创设的自夸的证券市场体系可悲地失败了，它过于复杂和不稳定。散户确实吓坏了，因为报告中隐藏着恐怖的故事：崩盘那天，散户被经纪公司抛弃了，扔进了"大火"中。

第 23 章

真正的罪犯

崩盘那天，芝加哥商品交易所（CME）的计算机识别出了正在发生的事件，停止 E-mini 市场交易 5 秒钟。由于短暂的停止，E-mini 市场立即又恢复了。但是，真正的灾难还是到来了——在证券市场，SEC 的航船在遇上阵风的那一刻就变成了碎片。监管者"撕碎"了保守的专家和曾使市场有序交易的做市商的钱夹，迫使他们中的大多数倒闭。许多人因为他们的过失而受到惩罚。

监管者有这良好的初衷。他们相信计算机比人更有效、更可靠、更诚实。5 月 6 日事件证明，代替人工做市商的高频交易者是更不可靠的。他们不是在浇灭恐慌的火焰，而是用他们闪电般快速的套利策略把恐慌火焰从一个市场蔓延到另一个市场，从一个交易所蔓延到另一个交易所。当 E-mini S&P 500 在 CME 下降时，高频交易者知道以指数为基础的交易所交易基金（ETFs），和实际组成 S&P 指数的 500 只股票一样，也会立刻价格下跌，所以他们开始在证券市场上抛售，这种突然的抛售则加剧了恐慌。高频交易者虽然长期宣称，通过他们提供的流动性抑制了市场波动，但是在 5 月 6 日，他们成了净抛售者，耗尽了市场的流动性。这种轻率的撤退令人回忆起过去 NASDAQ 的做市商行为，在 1987 年面对抛售浪潮时，其不再回了邮件，也拒绝回电话。

多么讽刺啊！高频交易从日间交易演变而来，建立在对遗憾的 1987 年市场崩溃的反应的基础之上。现在，高频交易者在做同样的事情（见图 23.1）。联合报告注释道，相当多的高频交易公司一起停止了交易。这引发了一些证券和 ETFs 买方的流动蒸发，导致价格进一步下降——在某些情况下会低到 1 美分。高频交易公司不像过去的做市商，它们没有正式的义务停止抛售。

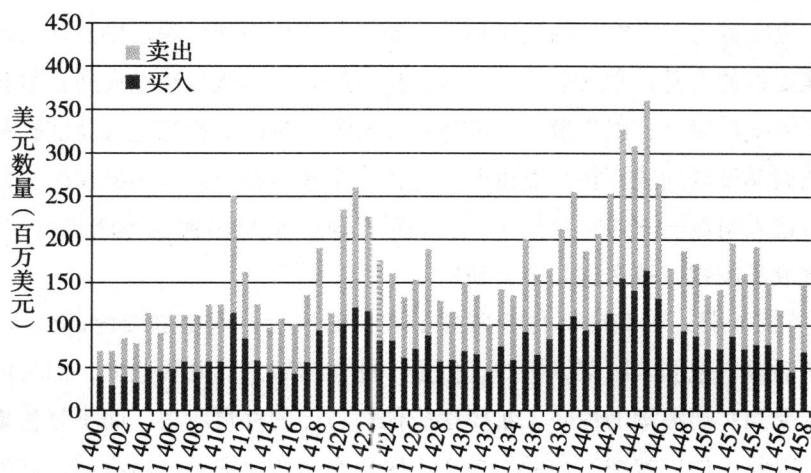

图 23.1 12 个高频交易者的美元数量：于 NYSE 上市的（FINRA 数据）

资料来源：CFTC and SEC

发生闪电崩盘后，监管者详细讨论了当时的情景。关于是否让高频交易者承担流动性义务进行了激烈讨论，作为承担义务的回报，将允许他们向投资者收取些微的扩大利差。这样交易成本会增加，但是投资者会得到更有序的市场。

Theodore Weisberg，Seaport Securities 的董事长，有着 41 年的交易历史。他告诉彭博电视台，如果交易以 5 分镍币递增而不是以 1 分镍币递增，将能吸引交易商返回证券市场。这样，投资者的交易成本虽然会上升，但是他们会得到收益稳定的市场，这是长期投资者愿意的。

然而，高频交易公司不是报告关心的唯一对象。报告最强烈的谴责之一针对的是"内部化分子"。SEC 把他们描述成场外市场（OTC）和大宗"头寸商"——进行机构交易的人。大约有 200 个经纪公司有规律地在公司内执行客户单子，而闪电崩盘那天其抛弃了客户使 DJIA 仅 10 分钟就下降了 700 多点。

在 5 月 6 日，这些经纪公司的行为是股票市场历史上最令人愤怒的行为之一。奇怪的是，联合报告的执行摘要并没有提及。不仅没有强调它们的叛节行为，反而在文件的后面几页对其行为进行了掩盖。

大多数日子里，内部化几乎占据了 100% 的散户交易。[①] NMS 规则认可的惯例对于经纪公司来说有着巨大的利润。它们试图用一个客户的买卖单子去匹配另一个客户的买卖单子。如果公司找不到反映市场最佳出价和最佳要价的交易，它就会把单子送给执行经纪人。执行经纪人通常是客户单子的交易对方，因为散户一般是买高卖低，所以执行经纪人就能轻易地从他们那里赚到钱。在少数情况下，当一个执行经纪人提出异议时，他把交易送入暗池——通常是他所在公司的暗池。如果暗池也不能执行交易，它就成了废物，被送进某个交易所。

5 月 6 日，一些内部化者减少了卖单的执行，但是继续内部化买单。换句话说，他们卖股票给散户，但是不愿意从散户那儿买股票，因为内部化者受到卖出浪潮的惊吓，希望摆脱他们自己的存量股票，而不是积累更多。因此，他们就把客户的卖单送进股票交易所，那里已经有超过其处理能力的卖单。报告注意到：其他的内部化者完全停止了内部化。产生低内部化率的基本原因是：由于零售市场和止损单子造成的沉重的抛售压力，人们不愿意进一步买入这些卖单；由于快速的价格运动造成的数据完整性问题（在某些情况下数据潜伏），P&L（利润和损失）的盘中变化触发了预定限制。在某些情况下，当内部化者试图按线路发送他们的一些单子进入暗池或给其他内部化者的时候，单子会被回绝。部分是因为一些实体的内部系统问题，部分则是因为每一个内部化者都在经历同样的事情因而会作出同样的决策，从而减少或停止了内部化。总交易量数据清楚地表明，内部化者和（虽不是广泛采访）暗池停止了为进入的单子提供流动性，内部化者反而把单子路由到交易所，把流动性的压力留在这些渠道中。

源于散户的止损单子或市场单子的许多交易在送入交易所执行之前，被内部化者转换为限制单子。限制单子要求交易以特定的价格执行，然而

---

① See Chapter 9, "The Trouble with Mary—and Gary."

市场单子是一个单子执行时可以得到的最佳价格。由于价格低于指定的价格水平，限制单子无法满足条件，那么就会被踢回。内部化者然后设定一个新的较低限制价格重新发送单子。由于价格下降得太快，单子会多次被踢回。因此，这些单子会随价格而下跌。"最终会跌到不切实际的低出价"，根据该报告的结论。

执行经纪商是善意的。Chris Nagy，TD Ameritrade 全球交易的全权合伙人，解释道："在寻找最佳执行的过程中，经纪人可能会用各种方法来帮助确认一个较好的价格。这种战术在保护不知名的投资者免受疯狂的价格波动的影响时比较常见，虽然 5 月 6 日事件是一个完全不同的事件。注意到以下情况很重要：当使用这种策略时，通常时间是亚秒，并且许多交易所没有接受市场单子。"[1]

550 万股的 2 万个交易的执行价格偏离了闪电崩盘之前价格水平的60%，甚至更多。根据报告，大的内部化者（作为卖出者）和大的做市商（作为买入者）的低位交易达到50%之多，这种交易的一半以上是他们互为交易对方（例如，在买者和卖者之间各有 25% 的低位交易）。此外，数据表明，几乎所有低位交易的一半的出售者是内部化者。给定内部化者一般的程序和散户的交易利益，这意味着至少一半的低位交易应归咎于散户的抛售。[2]

联合报告注意到，正如 Hunsader 已经证实的，NYSE 经历了向汇总记录带传送报价和执行价格的显著延迟。在下午2：45到2：50之间，1 665 只挂牌股票中的 40 只的延迟时间超过了20 秒，所有的 1 665 只挂牌股票均延迟了 5 秒以上，一些股票甚至延迟了 35 秒。但是，联合报告轻率地否认了 Hunsader 的论点，即延迟允许具有交易所直接价格供给的高频交易公司以较快的记录带价格买入证券，较慢的记录带价格卖出证券；或者，反之，亦反之。

"一般来说，这样做不是不可能……由于记录带供给并不反映交易市场从交易所分离。个人不能以负责综合数据供给的交易所的价格进行买

① E-mail from Nagy to author, October 6, 2010.
② Report of the staffs of the CFTC and SEC to the Joint Advisory Committee on Emerging Issues, "Findings Regarding the Market Events of May 5, 2010," 64-65.

卖，该价格是与负责自有数据供给的交易所的价格相分离的。试图以综合数据执行交易所报价的所有单子必须路由到交易所，在那将基于当时的可得交易所报价进行匹配"，作者注意到。联合报告认为依赖于较短的汇总记录带上的价格信息的投资者可能会感到惊奇，因为实时价格差距很大。所以，事实上，高频交易公司对散户有显著的价格跳跃。[①] 这是一个例外，Hunsader 的论点或许是正确的。高频交易公司能够把单子送到少数依赖汇总记录带定价的某个暗池，希望可以延迟报价执行。

Hunsader 也暗示高频交易公司 5 月 6 日故意放慢汇总记录带，这样就可以在闪电崩盘前，搅混价格信息，然后就可以猛抛存货。监管者根本没有发现直接的证据，但是他们并不排除高频交易者或许会故意放慢其他日子的数据，他们说他们打算调查这种可能性。结果，2010 年 11 月 3 日，SEC 一致投票禁止经纪人向客户提供"无保荐准入"，或无监督地直接和交易所联系。SEC 希望消除某些高频交易者不按规矩办事的可能性，经纪人的客户现在必须服从经纪人的监督和风险管理控制。

SEC 主席夏皮罗把裸准入比喻成把车借给无驾照的司机。她说："这个规则要求经纪商不仅在车内，而且还要控制车，这样我们就能确保驾驶汽车之前先观察道路。"

联合报告中一个令人瞩目的遗漏是对允许闪电崩盘发生的市场结构的审核。毕竟，市场是由 SEC 按照国会 1975 年法令建立的。假设市场是公平、高效的，是对长期投资者友善的。然而，事实证明根本不是这样。因为 SEC 管得太细，市场变得不必要地复杂，经常发生不相称的波动，所以和以前相比，可解释性降低了。老式系统是人工做市商主宰的，或许并不完善，但是数十年来运行良好。新市场在不足 3 年的时间内就被破坏了。国会和监管者最大的"成功"在于驱逐大多数人工做市商，而以机器替代他们。但同时，也驱逐了大多数人工投资者，产生了巨大的资本流出，当美国陷入困境的公司急需资本时。

---

① "Findings," 78.

第 24 章

在鲨鱼出没的市场投资

今天的股票市场像待犁的土地一样，苏格兰移民 Jim McCaughan 相信，对于有着铁胃和钢铁般意志的长期投资者来说，其是一个巨大的机会。

他认为"基础资本的收益率很高"。当然，投资者必须鼓足勇气，因为高频交易主导的市场看上去很危险。McCaughan 劝告投资者致力于市场长期投资，最好忽略疯狂的短期价格波动。

McCaughan 是 Principal Global Investors 的 CEO，管理着价值 2 120 亿美元的资产，其中包括持有的美国最大的前 25 个养老基金中的 12 个。他理解散户从市场撤资的原因，然而，他相信这一举动是不明智的。一天，McCaughan 说，大部分的波动都会过去，股票市场会再次火起来。

这个过程可能需要 5 到 10 年的时间，因此他建议进行长期投资。波动性降低部分是因为经济条件改善，部分则是因为抑制了在今天看来司空见惯的对疯狂市场变动的监管的变化。

他相信机构会重新制定报升规则，这曾经使得在迅速下降的市场卖空股票更加困难。[1]

---

① Report of the staffs of the CFTC and SEC to the Joint Advisory Commmittee on Emerging Regulatory Issues，"Preliminary Findings Regarding the Market Events of May 6，2010，" Washington DC (2010)：28−30.

McCaughan 说在当今的环境下投资，要求受过训练的资产组合再平衡以反映投资目的、风险刻画和融资需求。例如，将要退休的年长的人想减少他们的持股量，增加对安全投资工具如高信用等级债券的持有。

"如果你是一个自己动手的投资者，则这意味着拒绝追逐价格——等到市场变得糟糕时再买入，"他说。

对于这些最好有专业人士处理其资产组合的投资者来说，McCaughan 推荐生命周期基金，在一些领域也将其称为目标期限基金。其是为退休储蓄的日益流行的方式，这些基金的期限基于投资者的预期退休日期。对于距离退休尚有十年或更多年的年轻投资者来说，其现在应该偏重于投资股票。随着目标日期的临近，可逐渐偏重于风险较小的固定收益投资。

基金通常投资于国内、外证券和不动产。

McCaughan 补充说，如果你计划在 5 年内退休，但是预期会闲荡大约 20 年，那么证券也可以作为投资组合的一部分。

David Hartzell，纽约布法罗的 Cornell Capital Management 的 CEO，推荐采用红利捕捉策略，这是日本一家保险公司首先提出的。他讲述了四种可以使用的红利捕捉方法以降低资产组合的波动性，增加现金流，这是个人通过买卖股票支付 5% 或更多的红利来实现的。

在第一种情况下，投资者在除息前两星期买入股票，然后在除息日前两天卖出股票，在除息日持有股票的个体会收到红利，然后随着红利数量的下降，股票价值也会下降。Hartzell 说，这种策略之所以会起作用，是因为在除息日前交易量反常，股票价格上升。第二种情况下，投资者在除息日前一天买入股票，得到红利，然后在第二天卖出股票。他说，在一个上升的市场中，这是得到红利的最简单、最有效、最稳定的方法。第三种策略是在除息日后买入股票并持有直到付款日期，即公司实际支付红利支票的那天。Hartzell 说，在付款日和紧随其后的几个交易日内，超额收益相对较高。第四种策略是在除息日后卖空股票，这利用了股票除息后价格下降的优势，然后在七天内补空。2004 年，Hartzell 和 Mohammed Sorathia 写了一本关于该主题的书，书名为《红利捕捉：从理论到实际应用》。

投资者可能受诱惑而在期权上投资，为的是利用疯狂的市场动荡或用这些工具来对冲股票。Bradley Kay 说，对于一般投资者来说，这不是一个好主意。他是 Morningstar 投资研究公司负责欧洲 ETF 研究的主管。

Kay 说："麻烦比价值大。"而且，用这些工具对冲资产组合的专业人士使成本达到较高水平。

Kay 告诫个体投资者确保投资组合中的资产和预期负债期限相匹配。例如，如果你有一项大的支出迫在眉睫，你就不能进行长期投资。此外，投资者应该知道市场中的钱是有风险的。他说医疗需要的钱，或者应对可能的失业需要进行银行储蓄，因此不应该进入股票市场。如果你在这个动荡的时期投资债券型基金，基金的投资组合平均期限不应该长于 4 到 5 年。

Kay 说，短期股票投资是有风险的，因为高频交易会引发急剧的强烈波动，并且交易所交易基金（ETFs）在运动，后者将导致这些基金的基础证券发生相当大的跳跃。但是，像 McCaughan 一样，Kay 相信短期波动将不会给买入并持有股票 5 年或更长时间的长期投资者带来损失。

Gary Gastineau，新泽西的 Summit Consultant 的创始人，推荐 ETFs 长期投资。他相信由 SEC 和 CFTC 创设的断路器会在由于相互关系而快速下降的市场中保护投资者。

Gastineau 认为 ETFs 由于执行费用相当低而优于共同基金。在共同基金中，每人要为其他人的进入而支付成本，也要为其他人的离开支付成本。他说，一般来说，这种支付每年会达到半个百分点。购买 ETF，个人需支付进出佣金，但是不会影响其他人进出安全的 ETF。因此，他说，ETF 比传统的共同基金有半个百分点的优势。

我自己的方法是等到主要的指数下跌时，买入盈利强劲、现金流健康、有体面股息的低盘股和中盘股，其由于交易量较小而交易价差较宽。红利至少应该高于 5 年期银行存款。我通常会在免税退休账户中购买这些投资。

学术研究表明，低盘股在长期内优于大多数其他股票，因为它们不在 1 500 个最大的股票之列，高频交易者没有兴趣持有它们。

我以接近出价的价格购买这些股票——有时在某些特别波动的日子以低于出价的价格购买。我从不使用市场单子，因为它要求我支付全部价差，只有易受骗的人和不愿意等的人才用市场单子进行买卖。

在购买低盘和中盘共同基金前，我选择持有位列前三名的基金并进行筛选，以确定它们未被过高定价或表现欠佳。如果这些位列前三名的基金中的任意一个都不能通过利润、现金流和红利检验，我就不购买该基金。我推定基金经理不知道他在做什么。

我也为自己购买的股票在接下来的 12 个月中设定利润目标。如果它提前达到目标却找不到原因，我就会卖掉它，在晚些日期再重新买回，建立新的下行目标。我的目的是长期持有好公司的股票，但是如果它近期价格过高，我就拿回我的钱。我受公司道德标准的限制，它要求我持有股票至少三个月，禁止进行卖空和期权投机。

我遵循的最后一条规则是：我从不上午买入，也不下午卖出。散户倾向于早上活跃，专业人员就出来有效地"搜刮"他们。因为他们提交了许多市场单子，这正是卖出的好机会。下午随着专业人员逐渐占上风，价差逐渐缩小，价格趋向于稳定，这正是买入的好时机。

我使用研究工具。我采用自己的出版物《巴伦周刊》作为许多投资的开始。《华尔街日报》、《经济学人》、《金融时报》、彭博资讯、市场观察和路透社都是可靠的投资信息的每日来源。

投资出版物有熟练的员工和锐意进取的高度好奇的记者为投资者提供极好的出发点，其会不断地向投资者通报整体的市场进展、特别部门和特别公司的情况。"买入持有"并不意味着"买入忘记"，投资者必须经常关注经济环境及其资产组合所对应公司的前景。

专业投资者和经济学家的博客也是重要的信息来源，浏览它有助于形成你自己的市场观点。Barry Ritholtz 的"Big Picture"博客极好地讨论经济形势。Ed Yardeni 的新闻订阅是另一个很好的读物。资产经理 John Maulden的"打破陈规"是投资者寻找逆势观点的好网页。投资者应该登录 Cumberland Advisors 的网站，免费注册 David Kotok 的"市场沉思"。PNC 的首席经济学家 Stuart Hoffman 经常有先见之明，他的报告可以从金融公司的网站上免费获得。William Dunkelberg 的小企业条件分析是一个重要的市场领头羊。他把自己的分析张贴在全美独立工商业者联合会网站上。美国铁路协会每月会在网站上发布"铁路时间指标"报告，这是巴菲特和艾伦·格林斯潘及其他金融专家仔细研读以寻找经济发展方向的线索。

Yahoo！列出了每一个公司的明星金融分析家。我用这个服务得到了他们的研究成果。

除了重要的新闻外，《巴伦周刊》和《华尔街日报》有很好的在线工具帮助投资者进行基本研究，像 StockGrader 的初级版。主要的股票和商品交易所也提供有用的数据和教育资料。

投资是一件辛苦的工作。巴菲特依靠其他人的陈述是不会成为世界上最成功的投资家的。我建议投资者认真学习公司的 SEC 文件，其可以从机构的网站上得到。投资前，投资者应该知道股票的短期利润是多少，去年的买卖价差是多少，分析家的预期利润是多少，以及同一部门其他股票的类似信息。

但是，不存在散户赢过市场的绝对不会错误的方法。市场变成了"鲨鱼池"，我们是"凤尾鱼"。每次买卖股票，你就像在掷骰子，希望会有好结果。